Aktualisierte Ausgabe

Diktattexte plus

für die Klassen 9/10

Zusammengestellt von
Gerlinde Bauer
Antje Dohrn
Ilse Eif

Cornelsen

Redaktion: Gerlinde Bauer, Regensburg
Technische Umsetzung: Gerlinde Bauer und Bernhard Lutz, Regensburg

www.cornelsen.de

2. Auflage, 1. Druck 2006 / 06

Alle Drucke dieser Auflage sind inhaltlich unverändert
und können im Unterricht nebeneinander verwendet werden.

Druck: CS-Druck CornelsenStürtz, Berlin

ISBN-13: 978-3-464-68032-2
ISBN-10: 3-464-68032-0

Inhalt gedruckt auf säurefreiem Papier aus nachhaltiger Forstwirtschaft.

Inhaltsverzeichnis

Didaktisch-methodische Hinweise

Die Übungshefte „Diktattexte plus" tragen der Erkenntnis Rechnung, dass der Lernerfolg am ehesten dann gewährleistet ist, wenn Aufgaben und Übungen in funktionale Zusammenhänge eingebettet sind. Texte und Aufgaben berücksichtigen die Erfahrungswelt der Schüler/innen, ihre Interessen und Neigungen.
Die Diktatübungs-Einheiten, die aus einem Diktattext und einem Übungsteil bestehen, sind nach Rechtschreibphänomenen geordnet. Die Übungen beziehen sich zunächst unmittelbar auf den Diktattext und damit auf die Rechtschreibung, greifen dann aber im Sinne eines integrativen Deutschunterrichts auf andere Bereiche über: auf Grammatik, Ausdruck und Aufsatzlehre. Wortschatzerweiterung und Sicherheit im Ausdruck bilden neben Rechtschreibung und Grammatik den Schwerpunkt der weitgehend handlungsorientierten Übungen. Durch selbstständige Anwendung des Gelernten in Beispielsätzen wird die Schreibung nachhaltig eingeprägt.
Besonderer Wert wurde auf Methodenvielfalt gelegt:
- Ergänzen von Lückentexten, Übertragen von Texten in Groß- oder Kleinbuchstaben, von Wortschlangen in die übliche Schreibweise
- Visualisierung von Zusammenhängen durch Arbeiten mit Tabellen
- Ordnen von Begriffen in Wortlisten und Wortalphabeten
- Erklären von Begriffen in Form von Lexikoneinträgen
- Wortschatzerweiterung durch Brainstorming
- Verfassen von Berichten, kurzen Zeitungsartikeln und Referaten
- Sammeln von Informationen in Bibliotheken und im Internet
- Arbeiten im Team bei ständiger gegenseitiger Information
- Einbeziehung des Computers für die Darstellung von Arbeitsergebnissen: Arbeiten mit einem Textverarbeitungsprogramm, Erstellen von alphabetisch geordneten Listen, Gestaltung von Artikeln für die Wandzeitung, Visualisierung von Sachverhalten durch Einbindung von Fotos und Skizzen

Darüber hinaus werden Themen für Projekte und Schulveranstaltungen, Tipps zur Freizeitgestaltung und Anregungen für Wandertage gegeben. Die Themenbereiche der Diktate und Übungen sind vielfältig und fachübergreifend. Die Schüler/innen werden für soziale Probleme wie Umweltschutz, Dritte-Welt-Fragen sensibilisiert, aber auch auf den Eintritt in das Berufsleben vorbereitet.

Die Länge der Diktattexte entspricht der Altersstufe; wo sie länger ausfallen, werden sie in Abschnitten mit separater Wortzählung angeboten. So kann ein Absatz diktiert, ein anderer als Übungstext auf einem Arbeitsblatt ausgeteilt werden. Lesepausen erleichtern das Diktieren. Wörter, die in ihrer Schreibweise oder dem Inhalt nach als unbekannt vorausgesetzt werden müssen, sind für die Tafelanschrift unter dem Diktattext vermerkt, sollten aber der Schulart und dem Leistungsstand der jeweiligen Klasse angepasst werden. Die Arbeitsanweisungen sind schülergerecht formuliert und ohne weitere Änderungen im Unterricht einsetzbar.
Zugunsten einer besseren Lesbarkeit wurden Schreibvarianten und fakultative Kommasetzung nur dort in Klammern angegeben, wo es notwendig erschien, vor allem bei der Behandlung des entsprechenden Phänomens.

Aufbau einer Doppelseiten-Einheit im Überblick

1. Der Diktattext ist geeignet als:
   - Lehrer- oder Partnerdiktat zu Beginn der Stunde
   - Einführungstext in die Stoffeinheit oder als Übungstext zur Festigung des Phänomens auf einem Arbeitsblatt
   - Lückentext zur Bearbeitung während der Stunde
   - Kontrolldiktat zum Abschluss der Stoffeinheit
   - Grundlage für Hausaufgaben

2. Der Übungsteil enthält:
   - Aufgaben zur Auswertung des Diktattextes, wie zum Beispiel gemeinsame, gruppenweise oder gegenseitige Korrektur, Fehleranalyse, Suche nach dem Rechtschreibphänomen, Festhalten der orthografischen Besonderheiten und ihre Anwendung in Beispielsätzen
   - Übungen zur Wortschatzerweiterung, Wortbildung, Grammatik und Aufsatzlehre
   - fachübergreifende Anregungen und Arbeitsaufträge, Vorschläge für Projekte und sinnvolle Freizeitgestaltung

Der Diktattext und die unmittelbar daran anschließenden Übungen sollten im Unterricht nicht getrennt voneinander behandelt werden. Zur Lernerfolgskontrolle werden als didaktischer Abschluss eines Rechtschreibphänomens **Testdiktate** angeboten. Um die Arbeit mit den Diktatübungen zu erleichtern, sind im Anhang **Lösungshinweise** gegeben.

Umweltfreundliches Geschirrmobil

Am Sonnabendvormittag beginnen in W. die Wettkämpfe um den besten Kräher unter den Hähnen. | Von nah und fern hat es Tierhalter und Schaulustige auf den Festplatz gezogen. | Die Zuschauer versprechen sich einen Mordsspaß. | Selbstverständlich ist ein Fest nur dann ein richtiges Fest, | wenn es dabei auch Stände für Getränke und deftige Speisen gibt. | Damit möglichst wenig Müll anfällt, | haben sich die Veranstalter etwas Besonderes ausgedacht. | Sie haben sich in der Stadt ein Geschirrmobil ausgeliehen. | 74

Seit einigen Jahren hat sich die Stadtverwaltung von W. nämlich Gedanken darüber gemacht, | wie der Einwegmüll eingeschränkt werden kann. | Als umweltfreundlichste Lösung | erwies sich der gekoppelte Verleih von Geschirr und Spülanlage, | eben das Geschirrmobil. | Statt der Pappteller und Plastikbecher | wird zum Servieren des Essens und der Getränke formschönes Porzellan benutzt. | Da auf jedes Geschirrteil eine Pfandgebühr von € 2,50 erhoben wird, | werden die Teller, Tassen und Becher auch wieder zurückgebracht. | Es gibt nur wenig Verluste. |
Der anfallende Abfall ist äußerst gering. | Er besteht lediglich aus Servietten, Knochen und Essenresten. | Der Verbrauch von Wasser beim Spülen im Geschirrmobil ist ebenfalls günstig. | Ein Spülgang für 24 kleine Teller erfordert dank eines ausgeklügelten Schmutzabscheidesystems nur 3,5 Liter Wasser. | In etwa drei Minuten ist das Geschirr sauber gespült und trocken. 125

1. ***a)*** *Lies den Text sorgfältig. Präge dir jeweils einen Satz ein und schreibe diesen aus dem Gedächtnis in dein Heft. Lies den abgeschriebenen Text genau durch und markiere eventuelle Fehler.*
b) *Vergleiche nun deine Abschreibeübung und die Textvorlage miteinander und kennzeichne gegebenenfalls weitere Fehler.*
c) *Schreibe die Fehlerwörter in richtiger Schreibweise in deine Fehlerkartei. Notiere dir jeweils zwei Beispielwörter mit dem gleichen Rechtschreibphänomen.*
Beispiel: Sonnabendvormittag – Sonntag, Sonnwendfeuer

2. ***a)*** *Unterstreiche im Text alle Wörter mit Doppelkonsonanten und Konsonantenhäufungen wie -ck, -nk, -dt, -pf,-st, -tz.*

b) Lege in deinem Heft (Querformat) eine Tabelle mit folgenden Spalten an: ll – mm – nn – pp – rr – ss – tt – ck – pf – st – tz – andere Konsonantenverbindungen.
c) Trage die unterstrichenen Wörter aus dem Text in die Tabelle ein.

3. *Informiere dich im Regelteil eines Wörterbuchs über die Silbentrennung. Trenne die Wörter in der Tabelle nach den Trennungsregeln durch senkrechte rote Striche.*
Beispiel: Sonn|abend|vor|mit|tag

4. *a) Einige Doppelkonsonanten treten im Text nicht auf. Um welche Doppelkonsonanten handelt es sich bei den folgenden Wörtern?*
Ba–?–er, Pu–?–ing, Schru–?–er, A–?–regat, A–?–ition, Fla–?–e, Pa–?–el
Schreibe die Wörter richtig in dein Heft. Schlag die Wörter, über deren Bedeutung du dir unsicher bist, im Wörterbuch nach.
b) Bilde mit jedem Wort zwei Zusammensetzungen.

5. *a) Im Text kommen zahlreiche Wortzusammensetzungen vor. Schreibe die Wörter getrennt nach Wortarten aus dem Text heraus.*

Nomen	Verb	Adjektiv/Adverb
Geschirrmobil	anfallen	umweltfreundlich

b) Unterstreiche die einzelnen Wortarten der Zusammensetzungen mit verschiedenen Farben:
Nomen – rot, Verben – blau, Adjektive/Adverbien – grün, Präpositionen und Vorsilben – schwarz, sonstige Wortarten – lila
c) Vergleiche mit deinem Lernpartner/deiner Lernpartnerin, ob du die Zusammensetzungen im Text erkannt und nach Wortarten richtig unterschieden hast.

6. *a) Bilde aus den folgenden Wörtern Zusammensetzungen:*
- Sauerstoff, Bett, Schiff, Pappe, Ballett, Kaffee, See, fett, Tee
- Flasche, Truhe, Fahrt, Plakat, Truppe, Ersatz, Elefant, triefend, Ei

b) Informiere dich im Regelteil eines Wörterbuchs über die Rechtschreibvarianten bei der Zusammensetzung der Wörter.
c) Schreibe die Zusammensetzungen in beiden Rechtschreibformen in dein Heft.

7. *Wie könntet ihr in der Pause Müll vermeiden? Macht Vorschläge.*

Sizilien

Im Sommer ist das Land ausgetrocknet und verbrannt, | die karge Landschaft spiegelt sich in den herben und verschlossenen Gesichtern der Menschen. | Während sie sich vor der Hitze in die dunklen, kühlen Häuser zurückziehen, | die mit ihren geschlossenen Fensterläden wie ausgestorben wirken, | ergießen sich Touristenströme über das Land. | Sie besuchen berühmte Stätten der Antike: | Syrakus etwa und Palermo, um nur zwei der unzähligen griechischen Siedlungen zu nennen. | 66

Griechen und Phönizier waren hier, die Araber eroberten das Land. | Sizilien, das Dreieck an der Spitze des italienischen Stiefels, | ist ein Schmelztiegel vieler Völker und Kulturen, | ist Zeuge einer abwechslungsreichen Geschichte. | Die Vielgestaltigkeit des sizilianischen Lebens zeigt sich in der Küche des Landes: | Der Duft des Meeres mischt sich mit den Wohlgerüchen des Orients, | das Aroma würziger Rosmarinsträucher mit dem süßen Duft reifer Orangen. | Unentbehrlich bei der täglichen Mahlzeit sind das aromatische, kalt gepresste Öl jahrhundertealter Olivenbäume | und der schwere, mit Wasser vermischte Wein. | Schalen mit Obst und Gebäck aus Marzipan und Schokolade schmücken die festliche Tafel. 97

Tafel: Syrakus, Palermo, Phönizier

1. a) *Lies zuerst den Text sorgfältig durch. Schreibe ihn dann Satz für Satz in dein Heft. Vergleiche am Ende deine Abschreibeübung mit der Vorlage und korrigiere eventuelle Fehler.*
b) *Schlage im Regelteil deines Wörterbuchs die Regeln zu Schärfung und Dehnung nach und begründe die richtige Schreibweise deiner Fehlerwörter.*

2. a) *Markiere lange und kurze Vokale und die Konsonantenhäufungen in deiner Textvorlage mit verschiedenen Farben.*
b) *Unterstreiche die lang gesprochenen, aber nicht gekennzeichneten Vokale und bilde zu jedem betreffenden Wort zwei Ableitungen und/oder Zusammensetzungen.*

3. *Bilde mit den folgenden Wörtern je einen Beispielsatz und begründe die Rechtschreibung.*
verschließen – verschlossen, genießen – genossen
Paar – Pärchen, Saal – Säle
leeren – lehren, Meer – mehr, Uhrmacher – Urgroßvater
Grütze – Mütze – Kürze – Würze – Schmalz – Walze – Wanze – ganz
Balkon – welken – Gedanken – schenken – Stärke

4. *Schärfung oder Dehnung? k oder ck? z oder tz?*
Schreibe folgenden Text in dein Heft und ergänze dabei die Lücken.
Fr–?–ling und Herbst
W–?–rend der Fr–?–ling mit z–?–rten Paste–?–tönen die Landschaft überz–?–t, mit den weißen und rosa Bl–?–ten der Z–?–r- und Obstbäume, mit ersten Bl–?–men wie Gänsebl–?–mchen und Huflattich die W–?–sen spren–?–elt, m–?–lt der Herbst mit kräftigen Farben. Die Weinberge taucht er in fla–?–endes Rot, die Blä–?–er der Laubbäume leuchten in sa–?–em Gelb, Dahlien spi–?–en über die Zäune der Vorgärten. Im Oktober f–?–gen Herbststürme den Hi–?–el bli–?–blan–?–, und wenn sich der N–?–bel an k–?–len Novembertagen aufgel–?–st hat, kann man den kl–?–ren, blauen Hi–?–el durch die Äste der k–?–len Bäume sehen.

5. *Die Farbenpracht des Herbstes könntet ihr in selbst gemalten Bildern einfangen, aber auch in Farbfotografien. Wenn ihr dazu Gedichte – auch eigene – und Textauszüge sucht, die zu den Bildern passen, könntet ihr mit dem PC ein Heft „Herbst-Impressionen" herstellen. In entsprechender Vergrößerung der Texte und Bilder lässt sich damit auch eine Ausstellung in der Aula organisieren.*

Kräuterkunde

Küchenkräuter soll man möglichst frisch verwenden, | denn frisch geerntet schmecken sie am besten. | Fast alle Kräuter wachsen an einem warmen, sonnigen Platz im Garten, | auf dem Balkon oder auf der Fensterbank | und brauchen einen nährstoffreichen Boden. | Nach dem Pflücken sollten die Kräuter unter fließendem Wasser gewaschen | und mit Küchenkrepp vorsichtig abgetupft werden. | Anschließend schneidet man sie mit einem scharfen Messer, | einem Wiegemesser oder einer Küchenschere klein. | Blitzhacker oder Küchenmaschine eignen sich nicht, | sie zerreißen die Fasern. | In einer verschlossenen Plastikdose | lassen sich die meisten Kräuter im Kühlschrank einige Tage aufbewahren. | 90

Küchenkräuter kann man zum Würzen und Garnieren von Speisen verwenden. | Kräuter lassen sich aber auch verschenken: | Man füllt die klein geschnittenen Kräuter oder auch einen ganzen Stängel in eine Flasche | und übergießt alles mit Olivenöl oder Weinessig. | Mit einem hübschen Etikett versehen und ansprechend verpackt | gibt das ein nettes Mitbringsel für den nächsten Besuch bei Freunden. 56

1. ***a)*** *Schreibe den Text satzweise in dein Übungsheft. Kontrolliere nach jedem Satz die Rechtschreibung und markiere die Wörter, die du falsch geschrieben hast.*
b) *Am Ende deiner Abschreibeübung notierst du diese Fehlerwörter in richtiger Schreibweise unter deiner Übung.*

2. ***a)*** *Markiere in deinem Diktattext alle Wörter mit kurz gesprochenem Vokal rot, die Wörter mit langem Vokal gelb.*
b) *Schlag im Regelteil deines Wörterbuchs die Kennzeichnung der langen und kurzen Vokale nach und begründe bei allen markierten Wörtern die Rechtschreibung.*

3. *Bilde Ableitungen und Zusammensetzungen von folgenden Wörtern.*
wachsen, schmecken, Bank, schließen, Platz, gießen, hacken, kühlen
Beispiel: wachsen – (der) Wuchs, (hoch) gewachsen, verwachsen, Wachstum, wachstumsfördernd
Wachs, wächsern, Wachstuch, Kerzenwachs

4. *Bilde mit folgenden Wortgruppen ganze Sätze und schreibe sie in dein Heft.*
Basilikum in Töpfen kaufen – direkt vor dem Servieren zum Gericht geben – durch Hitze an Aroma verlieren – würzig/pfeffrig scharf schmecken – unentbehrlicher Begleiter von Essiggurken – zu Fisch passen – Dillspitzen fein geschnitten einfrieren – Kresse auf Watte aussäen – Schnittlauch auf ein Butterbrot oder über Eierspeisen streuen – mit Majoran Bratkartoffeln würzen

5. *Schreibe den Text in dein Heft ab und ergänze dabei die Lücken.*
Petersilie ist der Kla–?–iker unter den Küchenkräutern: Die gla–?–blä–?–rige Sorte wird fein oder gr–?–b geschni–?–en und meist ausschl–?–ßlich zum Wü–?–en der Spei–?–en verwendet. Mit den Blä–?–ern der krausen Petersilie hingegen la–?–en sich Wurst- und Käsepla–?–en garn–?–ren. Wegen ihres sehr h–?–en Vitam–?–n-C-Gehalts ist Petersilie nicht nur dekorat–?–v und schma–?–haft, sondern auch gesund.
Eine ausgesprochene Heil–?–anze, die aber auch als Gewü–?– verwendet wird, ist der Salbei. Sein milder und sü–?–licher Geschma–?– ist manchem durch Salbeibonbons beka–?–t, die gegen Husten helfen so–?–en. Die Blä–?–chen des Salbeistrauchs werden abgestreift, getro–?–net und zum Beispiel in der kalten J–?–reszeit mit hei–?–em Wa–?–er zu einem T–?– aufgebr–?–t.

6. *Kennt ihr noch mehr Heil- und Küchenkräuter? Dann könntet ihr ein Kräuterlexikon zusammenstellen. Schreibt zunächst eine Liste mit allen in der Klasse bekannten Kräutern – und achtet dabei auf die richtige Schreibweise. Bildet Gruppen und verteilt die Kräuternamen zur Bearbeitung.*
In einem kurzen Lexikonartikel werden Aussehen, Heimat, Erntezeit, Geschmack und Verwendung vorgestellt. Wenn jede Gruppe ihre Artikel in ein Textverarbeitungsprogramm eingibt und eine Zeichnung der Pflanzen einscannt, könntet ihr eine Broschüre herausgeben: „Bekannte Heil- und Küchenkräuter. Ein kleines Lexikon für den Hausgebrauch“.

Drückeberger und Jammerlappen

Ob man bei seinen Mitmenschen beliebt oder unbeliebt ist, | lässt sich größtenteils durchaus beeinflussen. | Drückeberger, die dauernd zu spät zur Arbeit kommen, | machen sich bei ihren Kollegen unbeliebt. | Wer seine Freunde am vereinbarten Treffpunkt | oder seine Verwandten bei der Geburtstagsfeier stundenlang warten lässt, | ruft Ärger hervor. | Am meisten abgelehnt werden Jammerlappen, geschwätzige Egozentriker, | die endlos über sich selbst und ihre Probleme reden | und ihre Umgebung gar nicht zur Kenntnis nehmen. | Werden sie auf ihre Schwäche aufmerksam gemacht, | wenden sie sich als beleidigte Leberwürste von ihrem Gegenüber ab | und strapazieren nun mit einem neuen Problem die Nerven anderer Leute. | 98

Nicht ganz so schlimm empfinden laut einer Umfrage die Deutschen solche Mitmenschen, | die ständig über die Hochdrucklage, den Föneinfluss, | das nasskalte Wetter klagen. | Immerhin drei Viertel aller Befragten können es nicht leiden, | wenn jemand nicht klar und deutlich seine Meinung sagt, | und mehr als die Hälfte verabscheut schlampige Mitbewohner, | die alles fallen lassen, wo sie sich gerade befinden. | Und Mütter schließlich, die ständig über ihre Kinder reden, | sind bei einem großen Teil der Männer, | vor allem aber bei ihren Geschlechtsgenossinnen unbeliebt. 81

1. a) *Lest den ganzen Text aufmerksam durch. Diktiert euch den Text anschließend gegenseitig je zur Hälfte und korrigiert eure Diktate gemeinsam.*
b) *Notiert die Fehlerwörter in richtiger Schreibweise in eurer Rechtschreibkartei und fügt jeweils zwei Ableitungen oder Zusammensetzungen hinzu.*

2. a) *Markiere alle Wörter mit Konsonantenverdopplung, ck und tz mit einem Leuchtstift.*
b) *Übertrage folgenden Tabellenkopf in dein Heft:*

Konsonantenverdopplung	ck	tz
lässt	Drückeberger	...

Ordne die markierten Wörter der richtigen Spalte zu.
c) *Ergänze jede Spalte mit fünf weiteren Beispielen.*

3. ***a)*** *k oder ck? – Ergänze die folgenden Wörter. Bilde mit jedem einen Beispielsatz und schreibe ihn in dein Heft.*
On–?–el, Ora–?–el, Pflo–?–, Ra–?–ete, emporran–?–en, Geschen–?–, Wir–?–stoff, Wer–?–bank, Win–?–elmesser, Par–?–ban–?–, Mer–?–satz, Nar–?–ose, Bar–?–e, En–?–el, fli–?–en, kal–?–weiß, Gebäl–?–, Bal–?–on, Or–?–an, lin–?–s, wan–?–en, Fal–?–e, wi–?–eln, ba–?–en, Gepä–?–
b) *Diktiere die Sätze deinem Lernpartner/deiner Lernpartnerin.*

4. *z – tz – zz? Ergänze und begründe, wo es dir möglich ist, die Rechtschreibung.*
wi–?–ig, Ka–?–e, win–?–ig, War–?–e, herumspa–?–ieren, Matra–?–e, Pfü–?–e, einri–?–en, herauski–?–eln, Me–?–osopran, ä–?–end, je–?–t, Si–?–reihe, Bärenta–?–e

5. *Schreibe aus der Textvorlage alle Wörter mit bezeichneten und unbezeichneten Längen in Form einer Liste heraus. Füge je zwei weitere Beispielwörter hinzu und begründe die Rechtschreibung.*

6. ***a)*** *Übertrage den Text in richtiger Schreibweise in dein Heft.*
Es gibt Menschen, die ko(m)en einfach übera(l) gut an. Ihr Händedru(k) ist weder lasch und feucht noch fest wie ein Schraubsto(k), sie klopfen auch nicht jedem auf die Schulter und sind mit Hinz und Kunz per Du, sondern tre(t)en eben selbstbewu(s)t und vie(l)eicht sogar ein bi(s)chen distanziert auf. Aber sie verbreiten Fr(ö)lichkeit um sich, wi(s)en nette kleine Bemer(k)ungen im richtigen Moment an die richtige Frau oder den richtigen Mann zu bringen, z(i)ren sich nicht lange, wenn sie um Ra(d/t) geb(e)ten werden, und drängen andererseits auch nicht ihrem Nachbarn ihre Meinung auf. Sie werden von ihren Mitmenschen geschä(z)t, weil sie Rücksicht nehmen und sich tro(z)dem durchse(z)en können, weil sie ihre Meinung ändern können, ohne in ihrem Stol(z) verle(z)t zu sein. Sie müssen nicht angeben, sie können damit leben, da(s) sie nicht alles wissen, sie akzeptieren ihre Gren(z)en. Sie verf(ü)gen im Sinne des Wortes über Selbstbewu(s)tsein: Sie sind sich im I(n)ersten ihres Wertes bewu(s)t.
b) *Kennst du solche Menschen? In welchen Punkten könnten sie dir Vorbild sein?*

Schrebergärten

Für viele gibt es nichts Schöneres als einen eigenen Garten, | und sei er noch so klein. | Vor allem die Städter zieht es hinaus ins Grüne, | wenigstens fürs Wochenende wollen sie dem Grau der Stadt entfliehen. | Mit Hingabe pflegen sie die Blumenrabatte vor dem Wochenendhäuschen, | pflücken Unkraut zwischen den Stauden, | streichen im Frühjahr die Holzlatten, | die ihr Paradies umzäunen. | Sie setzen Stecklinge und säen Samen von Nutz- und Zierpflanzen aus. | 69

Schrebergärten sind in der Regel eher klein, | da spielt die Platzfrage bei der Auswahl der Pflanzen eine große Rolle. | Zwergwüchsige Apfel- und Birnbäume, | spindelförmige Kirschbäumchen | statt eines einzigen Baumes mit weit ausladender Krone, | das sind die Obstbäume des Schrebergärtners. | Anspruchslose Gemüsesorten, die auch im Halbschatten gedeihen, | widerstandsfähige Zuchtrosen für eine Laube oder den Garteneingang | stehen auf der Wunschliste ganz oben. | Ideal für den kleinen Garten ist Beerenobst: | Johannisbeere, Stachelbeere, Himbeere | benötigen wie die Kulturheidelbeere nicht viel Platz, | ebenso Erdbeeren, auf Mulchkissen gepflanzt, | und die Preiselbeere, eine niedrige Moorbeetpflanze. 88

Silbermünzen bei Bauarbeiten entdeckt

Während der Frühstückspause war der Bauhistoriker Thomas Starke auf das Gerüst geklettert, | um den Fortschritt der Renovierungsarbeiten an der baufälligen Außenmauer | der im Löhntal gelegenen Laneburg zu inspizieren. | Plötzlich stockte ihm der Atem: | In einem Mauerloch in etwa acht Metern Höhe | entdeckte er Reste eines Leinensackes. | Er hatte die Vertiefung in der Wand zwar bereits vom Boden aus gesehen, | sie jedoch für die Brutstätte eines Vogels gehalten. | Unterstützt vom Polier des Bauunternehmens | und von mittlerweile informierten Mitgliedern des Fördervereins Laneburg | barg er insgesamt 211 Silbermünzen. | Die älteste der Münzen ist ein Taler, | der im Jahr 1557 geprägt wurde. | Die jüngste Münze stammt von 1687. | Der Schatz wurde also vermutlich gegen Ende des 17. Jahrhunderts | aus unbekannten Gründen in der Burgmauer versteckt. |
Da der frühere Eigentümer nicht mehr ermittelt werden kann, | gehört der Schatz je zur Hälfte dem Grundstückseigentümer, | das ist die Gemeinde Löhnberg, | und dem glücklichen Finder. 147

Nach: Helmut Bartel: Bedeutender Münzschatz bei Bauarbeiten entdeckt. In: Bonus 10/2001

Tafel: Löhntal (bei Weilburg im Lahntal/Hessen), Laneburg

Glas – ein moderner Baustoff

Glas besteht im Wesentlichen aus Sand, Soda und Kalk. | Es wird bei etwa 1500 Grad Celsius geschmolzen und in zähflüssigem Zustand verarbeitet. | Die Glasmasse ist dann immerhin noch 900 Grad heiß. | Sie kann zu massiven Scheiben oder Blöcken gepresst | oder aber zu verschiedensten Gefäßen geformt werden. | Die Flachglasindustrie stellt vorwiegend Scheiben her: | Fensterscheiben, Sicherheitsglas für Autos, | Panzerglas zum Schutz der Bankangestellten an der Kasse | und wertvoller Gegenstände in Ausstellungen und Museen. | 71

Glas signalisiert Transparenz: | Die Glaskuppel des Reichstagsgebäudes in Berlin | symbolisiert die Durchschaubarkeit und Offenheit unseres demokratischen Staatswesens. | Die Lichtdurchlässigkeit hat Glas zu einem der beliebtesten Baustoffe gemacht: | Ganze Häuserfassaden sind aus Glas, | mit Aluminium, Kupfer oder gar Gold bedampft | gewähren sie Sichtschutz von außen, | wirken wie blaue, rote oder goldene Spiegel, | während sie von innen den Blick nach draußen ungehindert freigeben. | Glas ist ein idealer Baustoff für Wintergärten, | Glasbausteine machen Wände lichtdurchlässig, | geschliffenes Glas in Kirchenfenstern bricht das Licht in die Spektralfarben, | mit Glas lassen sich Licht und Sonnenenergie in Linsen und Sonnenkollektoren sammeln. 94

Tafel: Celsius, Transparenz, Spektralfarben

1. ***a)*** *Lest den Text zunächst aufmerksam und achtet dabei vor allem auf die Schreibung der s-Laute.*
   b) *Diktiert ihn euch dann gegenseitig je zur Hälfte. Tauscht die Diktate aus und korrigiert anhand der Vorlage.*
   c) *Notiert die Fehlerwörter in richtiger Schreibweise in der Fehlerkartei und schreibt dazu je zwei Ableitungen oder Zusammensetzungen.*

2. *Markiere in deiner Textvorlage die Wörter mit s-Lauten in verschiedenen Farben und ordne sie in folgende Tabelle ein.*

s	ss	ß
Glas	zähflüssig	heiß
im Wesentlichen	Glasmasse	Gefäßen

3. *Werte die Tabelle aus: Wann wird ss, wann ß geschrieben? Formuliere einen Merksatz und schreibe ihn in dein Heft.*

4. ***a)*** *Bilde Zusammensetzungen mit „Glas".*
„Glas" als Grundwort: Bleiglas, ...
„Glas" als Bestimmungswort: Glasbläser, ...
b) *Formuliere mit je drei der gefundenen Begriffe einen Satz und diktiere ihn deinem Lernpartner/deiner Lernpartnerin.*
c) *Erkläre die Bedeutung der Wörter „gläsern" und „glasig" mithilfe von Beispielsätzen.*

5. *In der Schifffahrt gibt man die Uhrzeit an mit „Glasen". Schlage in einem Lexikon nach und erkläre, was man darunter genau versteht.*

6. *Verwende folgende Wörter in ganzen Sätzen.*
Urlaubsgrüße – abreisen
Blumenstrauß – Vase – vergessen
Bewässerung – Reisanbaugebiet – Reisspeise als Dessert
Flussniederung – entwässern
Straßenbau – Glasfaserkabel – aufreißen
Hausschlüssel – abschließen

7. *Glas wurde bereits in der Antike verwendet. Trinkgefäße in den verschiedensten Farben und Formen sind uns ganz oder zumindest in Bruchstücken zum Beispiel aus der Römerzeit erhalten geblieben. Ein Besuch in einem Museum, das über Glasfunde aus der Römerzeit informiert, könnte ein lohnendes Ziel des nächsten Klassenausflugs sein. Ihr könnt euch vorher im Internet über das ausgewählte Museum informieren.*

8. *Erkundigt euch bei eurem Physiklehrer/eurer Physiklehrerin über die Zusammensetzung des Lichts und darüber, warum bei der Brechung des Lichts die Spektralfarben zu sehen sind.*

Von rauchenden Bergen

Wer kennt sie nicht, den Vesuv, den Ätna, | den Krakatau oder den Montagne Pelée? | Es sind Vulkane, | die irgendwann durch gewaltige Ausbrüche von sich reden gemacht haben. | Manche Eruptionen liegen lange zurück wie der des Vesuv im Jahre 79 n. Chr. | oder der des Krakatau 1883; | andere, zum Beispiel der des Ätna im Sommer 2001, | sind aktuelles Zeugnis der gewaltigen Kräfte aus dem Erdinnern. |
Der Ausbruch eines Vulkans beginnt fast immer mit einer heftigen Explosion, | die feste Gesteinsmassen emporschleudert. | Ihr folgt der Ausfluss der flüssigen Lava. | Die meist pinienförmige Eruptionswolke reißt Lockermassen oft bis in große Höhen empor. | Es scheint verwunderlich, | dass Regionen in Vulkannähe häufig dicht besiedelt sind. | Doch die Auswürfe des Vulkans bilden nach relativ kurzer Zeit fruchtbaren Boden, | und das ist der Grund dafür, dass die Menschen in gefährlicher Nähe zum Vulkan siedeln. |
Die meisten aktiven Vulkane befinden sich an den Grenzen zwischen ozeanischen und kontinentalen Platten. | Aber auch in den Riftzonen der mittelozeanischen Brüche | wird Magma ausgestoßen, | sodass dort ein neuer Ozeanboden entsteht. | Tuffe, Lavadecken, Schlotausfüllungen, | das sind alles Zeugnisse einer vulkanischen Vergangenheit, | finden sich auch in Deutschland, | zum Beispiel in der Eifel oder am Vogelsberg. 189

Tafel: Ätna, Krakatau, Montagne Pelée

1. ***a)*** *Lies den Text sorgfältig durch. Präge dir dann die einzelnen Sätze ein und schreibe sie auswendig in dein Heft.*
b) *Korrigiere deine Abschreibeübung anhand der Vorlage.*

2. *Lege in deinem Heft (Querformat) eine Tabelle mit diesen Spalten an:*
- *ss nach kurzem Vokal (Beispiel: Nuss)*
- *ß nach langem Vokal oder Diphthong (Beispiel: Gruß)*
- *s im Wortstamm (Beispiel: lesen – las)*
- *s vor folgenden Konsonanten (Beispiel: Meister)*
- *Wörter auf -nis: Singular und Plural (Beispiel: Bildnis – Bildnisse)*

a) *Schreibe aus dem Text die Wörter mit s – ss – ß heraus und ordne sie in die Tabelle ein.*
b) *Ergänze die Tabelle durch jeweils vier eigene Beispiele.*

3. ***a)*** *Wiederhole die Regeln, wann „das“ und „dass“ geschrieben wird.*
b) *Unterstreiche in deiner Abschreibeübung die Sätze mit „das“ und „dass“ und bestimme die Wortart.*

4. *„das“ oder „dass“?*
a) *Schreibe den folgenden Text ab und ergänze richtig:*
1. Wusstest du, da–?– einige kegelförmige Berge in Deutschland vor langer Zeit ebenfalls Vulkane gewesen sind? 2. Da–?– die Scheitelbereiche der mittelozeanischen Rücken aus geologischer Sicht beständig Magma ausstoßen, da–?– ist wissenschaftlich erwiesen; zum Beispiel haben da–?– Untersuchungen im Roten Meer ergeben. 3. Da–?– Magma, da–?– aus den Riftzonen austritt, bildet neuen Ozeanboden. 4. Bewiesen ist auch, da–?– Ozeanboden in den Verschluckungszonen abtaucht und in größeren Tiefen wieder aufgeschmolzen wird. 5. Den Plattengrenzen, da–?– sind die mittelozeanischen Rücken und die Verschluckungszonen, kommt im Prozess der Plattentektonik besondere Beachtung zu.
b) *Bestimme jeweils die Wortart von „das“ und „dass“.*

5. *s – ss – ß?*
a) *Schreibe die Wörter und Wortgruppen richtig in dein Heft.*
die Stra–?–e, ich wei–?– es, der Kongre–?–, viele Erlebni–?–e, der Ru–?–, gie–?–en, ein–?–, wei–?–en, grü–?–en, die Wei–?–ung, das Hinderni–?–, sprie–?–en, der Mei–?–el, du mi–?–t, die Li–?–te, na–?–
b) *Bilde mit je drei Beispielen Sätze.*

6. *Wo liegen die im Diktattext genannten Vulkane? Schlage im Atlas nach. Welche weiteren aktiven Vulkane sind dir bekannt?*
Wie kommt es zu einem Vulkanausbruch? Beschreibe den Vorgang mithilfe einer Skizze.
Vielleicht gibt es in deiner näheren Umgebung erloschene Vulkane. Erkundige dich. – Woran erkennst du sie?

Sport ist im Verein am schönsten

Gemeinsam Spaß haben bei Sport und Spiel, | die Kräfte messen beim Wettkampf, | die Stille genießen bei einer Wanderung und dennoch nicht allein sein müssen, | das alles bietet ein Verein. | Das Vereinsleben gestalten natürlich die aktiven Mitglieder, | doch auch die passiven Beitragszahler helfen mit, | dass Veranstaltungen und Ausflüge finanziert werden können. | Das Programmheft, das jeder alle drei Monate erhält, | informiert über Sportwettkämpfe, Treffen und Filmvorführungen, | sodass sich jeder seinen persönlichen Vereinskalender zusammenstellen kann. | 72

Wenn das alljährliche Sommerfest naht, | hoffen alle, dass es nicht regnet und dass keine Unfälle passieren. | Das Vereinsheim, das für diese Gelegenheit besonders herausgeputzt wird, | dient als Unterkunft für die auswärtigen Sportler, | als organisatorisches Zentrum | und, falls es doch regnen sollte, als Aufenthaltsraum für die Zuschauer. | Das kalte Büffet, das im Versammlungsraum aufgebaut wurde, | ist am Abend nach der Siegerehrung der Treffpunkt aller Beteiligten. | Dass am nächsten Morgen alles antritt zum Saubermachen, | das ist selbstverständlich. 75

1. *Lest den ganzen Text zunächst aufmerksam durch. Diktiert euch den Text anschließend gegenseitig je zur Hälfte und korrigiert eure Diktate gemeinsam.*
Schreibt die falsch geschriebenen Wörter in richtiger Schreibweise unter das Diktat.

2. a) *Wiederhole: Wie erkennst du, ob „das" bzw. „dass"*
- *eine Konjunktion,*
- *ein bestimmter Artikel,*
- *ein Demonstrativpronomen,*
- *ein Relativpronomen ist?*

Denke an die Ersatzprobe.

b) *Unterstreiche in deiner Textvorlage „das" und „dass" je nach Wortart in verschiedenen Farben.*

c) *Bilde für jede der vier Möglichkeiten jeweils zwei Beispielsätze und diktiere sie deinem Lernpartner/deiner Lernpartnerin.*

3. *Bilde Beispielsätze mit folgenden Verben:*
messen, genießen, müssen, grüßen, fließen, lassen, gießen
Setze sie ins Präteritum und erkläre die unterschiedliche Schreibweise des s-Lauts.
Beispiel: Sie weiß den richtigen Weg. – Sie wusste den richtigen Weg.
ß nach Diphthong – ss nach kurz gesprochenem Vokal

4. ***a)*** *Übertrage folgende Sätze in dein Heft und ergänze dabei die Lücken.*
Da–?– ist da–?– Hau–?–, da–?– meine Eltern vor kurzem gekauft haben. Besonders freue ich mich darüber, da–?– mein Bruder und ich nun ein eigenes Zimmer haben werden. Da–?– Dachgescho–?–, da–?– aus zwei Zimmern mit einer Kochecke und einem kleinen Bad besteht, werden wir erst in einigen Jahren ausbauen. D–?– Grundstück ist zwar nicht gerade übermä–?–ig gro–?–, aber der Platz vor der Terra–?–e reicht doch aus, da–?– wir einen kleinen Teich mit Seero–?–en anlegen können. Wer wei–?–, vielleicht können wir ein paar Frösche ansiedeln, soda–?– an warmen Sommerabenden ein Froschkonzert vor unserem Hau–?– ertönt. Statt eines Ra–?–ens wollen wir lieber eine Wie–?–e ansäen, da–?– bedeutet weniger Pflege und mehr Spa–?–.
b) *Nummeriere in deiner Abschreibeübung alle „das" und „dass" und erkläre die Schreibweise, indem du jeweils die Wortart bestimmst.*

5. *Weißt du, welche Vereine es in deiner Stadt / deiner Gemeinde gibt? Erkundige dich. Notiere Anschrift und Zweck des jeweiligen Vereins, informiere dich über die verschiedenen Abteilungen, das gesellschaftliche Leben, über Eintrittsalter, Mitgliedsbeiträge und Ansprechpartner.*
Stelle das Ergebnis deiner Recherche über die Vereine, die dich interessieren würden, mithilfe einer Wandzeitung deinen Mitschülerinnen und Mitschülern vor.

Faszinierender Werkstoff Glas

Der Werkstoff Glas eignet sich für außerordentliche Präzisionsarbeiten | wie etwa Augenlinsen, Vergrößerungsgläser, Mikroskope | bis hin zu riesengroßen Ferngläsern mit mehreren Metern Durchmesser, | die bei wolkenlosem Himmel der Beobachtung des Universums dienen. | Aber auch Heizkörper bestehen aus Glas. | Auf eine dicke Glasplatte wird eine Folie aufgeschweißt, | die ihrerseits die Wärme leitet. | Da Spezialglas stoß-, hitze- und kältebeständig ist, | kann die gläserne Heizplatte ohne Schaden erhitzt werden. | So lassen Glasheizkörper eine freie Sicht auf die schönen Fliesen im Bad | und der Raum kann trotzdem erwärmt werden. | Hitze- und frostbeständiges Glas wird auch in Küchen eingesetzt: | als Kochplatte oder in Form von Kochgeschirr, | das zugleich zum Servieren der Speisen und zum Eingefrieren verwendet werden kann. | 112

Glas lässt sich nicht nur zu Scheiben walzen | oder in unterschiedlichste Formen pressen, | Glas kann man zu Fäden ziehen, | den so genannten Glasfasern. | Sie werden zu Bändern, Schläuchen und Tüchern verarbeitet, | finden Verwendung vor allem in Glasfaserkabeln, zum Beispiel für Fernsprechanlagen, | als Dämmmatten gegen Lärm und Wärmeverlust, | als leichte und zugleich biegsame Glasfiberstangen bei komfortablen Wanderzelten. |

Auch schöne Kunstwerke bestehen aus Glas. | In zeitgemäßem Design zieren sie Ausstellungshallen und Bürogebäude, | auch festlich gedeckte Tische zu verschiedenen Anlässen. | Farbige Glaskugeln mit im Glas eingeschlossenen Luftblasen schmücken Wohnzimmerfenster zu allen Jahreszeiten. 89

Mit einem Raser – nein, danke!

Es ist eine altbekannte Tatsache, | dass Raser sich selbst und andere Verkehrsteilnehmer gefährden. | Untersuchungen haben ergeben, | dass vor allem jüngere Männer einen aggressiven Fahrstil haben. | Das Auto hat für sie einen außerordentlich großen Freizeitwert | und ist Teil ihres Selbstbildes. | Den Rasern macht schnelles Fahren Spaß, | der Nervenkitzel und ein gewisses Risiko gehören für sie einfach dazu. | Dass auch eine gehörige Portion Selbstüberschätzung im Spiel ist, | das zeigt die Unfallstatistik: | Jeder dritte tödliche Unfall | wird durch nicht angepasste Geschwindigkeit verursacht. | Plakate mit Aufschriften wie „Hallo Raser, wir warten“ | sollen an die Vernunft der Autofahrer appellieren. | Doch einen echten Raser beeindruckt das kaum. | Im Gegenteil, aus Imponiergehabe drückt er ohne jedes Verantwortungsbewusstsein noch mehr aufs Gas, | wenn seine Beifahrerin ihm Anerkennung zollt. | 120

Um diese jungen Autofahrer dazu zu bewegen, | dass sie den Fuß vom Gas nehmen, | bittet die Polizei die Beifahrerinnen, auf ihre Freunde entsprechend einzuwirken. | Nicht Bewunderung, sondern Ablehnung soll der Raser bei seiner Freundin ernten. | Da er sein Selbstwertgefühl zwar aus der Leistungsfähigkeit seines Wagens, | aber auch aus der Anerkennung seiner Freundin bezieht, | könnte das eine Maßnahme sein, die Erfolg verspricht. 61

Die Prüfung steht bevor

Heuer, am Ende der zehnten Klasse, | steht zu Petras Leidwesen die Abschlussprüfung ins Haus. | In Deutsch, Mathematik, der ersten Fremdsprache und mitunter einem weiteren Fach erfolgt sie schriftlich. | Einige Wochen später beginnen dann die mündlichen Prüfungen. | Wenn es Ernst wird, fragen sich viele Schüler, | wie sie sich denn auf die Prüfungen vorbereiten sollen. | Am besten sind diejenigen dran, | die sich die Schuljahre über durch Mitdenken und Mitarbeiten im Unterricht Wissen angeeignet | und die Hausaufgaben zum Vor- und Nachbereiten des Stoffes genutzt haben. | Bei manchen Schülern zeigt sich, dass sie den Vorteil beständigen Lernens erkannt haben. | Ein Schüler sagte, wenn er schon täglich etwa sechs Stunden in der Schule zubringen müsse, | dann könne er diese Zeit gleich sinnvoll mit Aufpassen, Denken und Mitmachen nützen. | Das, meinte er, spare die Hälfte der Hausarbeit. 131

1. ***a)*** *Lest den ganzen Text zunächst aufmerksam durch.*
b) *Bildet dann Gruppen von vier oder fünf Schülerinnen und Schülern und hängt eine Textvorlage als „Laufdiktat“ an der Wand eures Klassenzimmers aus.*
Lest nun jeweils einen Satz, prägt ihn euch gut ein, geht an euren Platz und schreibt ihn auf.
Zur Kontrolle geht ihr jeweils zum Aushang zurück.

2. ***a)*** *Kontrolliert eure „Laufdiktate“ gemeinsam in eurer Arbeitsgruppe und markiert nach Vergleichen mit dem Original eventuelle Fehler.*
b) *Notiert dann eure Fehlerwörter in eurer Fehlerkartei und schreibt zwei weitere Wörter mit dem gleichen Rechtschreibphänomen dazu.*

3. *Schreibe den folgenden Text in richtiger Schreibweise in dein Heft. Unterstreiche anschließend die nominalisierten Verben.*
Heutzutage (g)lauben viele, Computer und Internet seien (h)elfer in allen Lebenslagen. Schließlich (f)ände man dort (a)uskunft zu fast allen (f)ragen. Zu bestimmten Aufgaben und Themen (g)ebe es Materialsammlungen, Fachartikel und Aufsätze, die man (a)brufen könne.
Aber damit (b)eherrscht noch niemand den Stoff. Informationen muss man (a)uswählen, je nach (b)edarf; (w)issen muss man sich aneignen.

Das (g)eschieht kaum durch bloßes (l)esen. Als brauchbares (v)orgehen beim (l)ernen (e)rweist sich ein Dreierschritt: (l)esen der Informationen, zum Beispiel im Schulbuch, (w)iederholen anhand von Stichpunkten und schließlich (ü)bungen im freien (s)prechen zur (k)ontrolle, ob man das (g)elernte (b)eherrscht.

4. ***a)*** *Wiederhole im Regelteil eines Wörterbuchs, wann ein Nomen als nominalisiertes Verb gilt (die Fragen – das Fragen).*
b) *Verwende die nominalisierten Verben in Sätzen und schreibe sie in dein Heft.*

5. *Im Text sind zwei unterschiedliche Modi des Verbs verwendet worden.*
a) *Um welche Modi handelt es sich? Schreibe die Begriffe auf.*
b) *Überlege zusammen mit deinem Lernpartner/deiner Lernpartnerin, warum die unterschiedlichen Modi verwendet wurden.*

6. *Schreibe aus dem Text alle Konjunktivformen der Verben in der jeweiligen Wortgruppe heraus.*
Beispiel: Sie sagte, wenn sie täglich üben müsse, ...

7. *Schreibe die Sätze, die im Konjunktiv stehen, in die direkte Rede um.*

8. ***a)*** *Informiere dich im Regelteil des Wörterbuchs über den Gebrauch des Konjunktivs und beantworte schriftlich folgende Fragen:*
– *Wann wird der Konjunktiv verwendet?*
– *Wie wird der Konjunktiv gebildet?*
b) *Informiere deine Mitschülerinnen und Mitschüler in einem Kurzvortrag darüber.*

9. *Tragt zusammen, wie ihr euch sinnvoll auf Prüfungen vorbereiten könnt, und stellt verschiedene Arbeitstechniken der Klasse vor.*

Am Abend

Am Abend, wenn man die Schulaufgaben erledigt hat, | stellt sich oftmals die Frage, was man nun tun könnte. | Manchmal fällt die Entscheidung schnell. | Sie heißt Hinlegen, Nichtstun, Musik hören. | Aber für einen Sechzehnjährigen ist das sicher nicht befriedigend. | Also überlege ich weiter. | Vielleicht sollte ich ein paar Freunde oder Freundinnen anrufen? | Wir könnten einen Bummel durch die Stadt machen oder einen Zug durch die Gemeinde. |
Ein- oder zweimal in der Woche, das heißt am Wochenende, gehen wir in eine Disko. | Mehr gibt das Taschengeld nicht her. | Ab und zu steht auch ein Kinobesuch zur Debatte. | Wir nutzen dazu meist die preisgünstigen Kinotage anfangs der Woche, | an denen man die Karten zwei oder drei Euro billiger bekommt. | Ich wünschte mir außerdem mehr Möglichkeiten für den Freizeitsport. | Aber Turnhallen und Stadien werden überwiegend von Sportgemeinschaften genutzt | und die Mitgliedskarte in einem Fitnessstudio kostet viel Geld. |
Aus Fernsehen mache ich mir nicht viel. | Die Vorabendserien langweilen mich | und das Abendprogramm reizt mich selten. | Vielleicht sollte ich es mal mit dem Lesen versuchen. | Das wäre zumindest gelegentlich eine Alternative | und einen Gewinn an Wissen brächte es mir sicher auch. 185

1. *Wiederhole im Regelteil deines Sprachbuchs oder eines Wörterbuchs die Grundregeln der Groß- und Kleinschreibung zur Nominalisierung von Verben und zur Schreibung von Tageszeiten.*

2. ***a)*** *Lies den Text aufmerksam durch und unterstreiche die nominalisierten Verben grün.*
b) *Unterstreiche die im Text vorkommenden Zeitangaben rot.*

3. ***a)*** *Übertrage den folgenden Tabellenkopf in dein Heft.*

Adverbiale der Zeit (Zeitangabe mit Nomen)	Zeitadverbien
gestern Vormittag	vormittags

b) *Trage die Wörter bzw. Wortgruppen in die richtige Spalte ein.*
(g)estern (m)orgen, am späten (n)achmittag, (h)eute (f)rüh, eines (t)ages, (v)orgestern (a)bend, jeden (d)ienstag, immer wieder (s)onntags, (h)eute (n)acht, am (m)ittwoch, eines (m)orgens

4. *a) Bilde mit den Beispielen aus Aufgabe 3 b) Sätze und schreibe sie in dein Arbeitsheft.*
b) Diktiere diese Sätze deinem Lernpartner/deiner Lernpartnerin. Anschließend korrigiert ihr das Diktat gemeinsam und begründet bei den Fehlerwörtern die richtige Schreibweise.

5. *Übertrage folgende Sätze in richtiger Schreibweise in dein Heft.*
1. Man sagt, dass (i)rren menschlich sei.
2. An der Tankstelle ist (r)auchen verboten.
3. Ein Sprichwort lautet: Am (l)achen erkennt man den Narren.
4. In der Nacht ist das (ü)berfliegen von Städten in der Regel verboten.
5. Nur durch (ü)ben wird man zum Meister.
6. Mit (e)rstaunen haben wir die Nachricht gehört.
7. Ihr (k)ommen war nicht zu überhören, (l)achen und lautes (r)eden schallten durch das Haus.
8. Vor dem (s)chlafen hatten wir noch einige Aufgaben zu (m)achen.
9. Ich wollte mich nur noch (h)inlegen, (a)usruhen und möglichst rasch (e)inschlafen.

6. *Schreibe die Sätze, in denen „das" oder „dass" vorkommt, aus dem Diktattext heraus.*
Notiere: „das" kann sein: ein Artikel, ein ...
„dass" ist eine ...
Begründe nun Satz für Satz die Schreibweise von „das" und „dass", indem du die Wortart nennst. Lies im Regelteil eines Wörterbuchs nach, wenn du unsicher bist.

7. *Schreibe den Text in dein Heft, setze „das" oder „dass" richtig ein.*
1. Ich denke, da– wir deinem Rat folgen sollten.
2. Da– wird uns bestimmt weiterhelfen.
3. Es ist gut, da– wir gemeinsam an der Problemlösung arbeiten.
4. Es hat sich gezeigt, da– da– der richtige Ansatz gewesen ist.
5. Da– Brainstorming erweist sich als brauchbares Verfahren.

8. *Was versteht man unter „Brainstorming"? Klärt den Begriff und wendet das Verfahren an, indem ihr in Arbeitsgruppen Material zum Thema „Freizeitgestaltung am Abend" sammelt.*

Reisen bildet

Der Satz könnte als Werbung für zahlreiche Reiseanbieter stehen. | Tatsächlich ist diese Erkenntnis jahrtausendealt. | Schon die berühmten Historiker und Philosophen der griechischen und römischen Antike | haben sich in Ländern der ihnen bekannten Welt umgesehen. | Sie haben Aufzeichnungen über Sitten und Bräuche, bautechnische Leistungen | und überhaupt alles Sehenswerte und Erstaunliche verfasst. | Diese Männer, es waren wirklich fast ausschließlich Männer, | verfügten bereits über ein beachtliches Wissen. |
Heutzutage ist die Welt anscheinend kleiner geworden. | Es gibt auf der Erdkarte wohl kaum noch weiße Flecken. | In relativ kurzer Zeit gelangen wir von einem Ende der Welt ans andere. | Über Jules Vernes utopischen Roman „Reise um die Welt in achtzig Tagen" | geraten wir Menschen von heute ins Schmunzeln. | 113

Grenzen fürs Reisen setzt uns bestenfalls der Geldbeutel. | Vor allem Jugendliche suchen sich da preiswerte Alternativen. | Nicht wenige schwören auf Last-Minute-Reisen, | mit denen man viel Geld sparen kann. | Andere gehen als Rucksacktouristen auf Reisen. | Flüge sind mitunter erstaunlich billig zu haben. | Vor Ort suchen sich die Jugendlichen Nachtlager in Jugendherbergen oder Jugendhotels und Camps. |
Für viel Geld kann man fast überall hinkommen. | Selbst Reisen ins All kann man bereits im Voraus buchen. 72

Tafel: Jules Verne, last minute

1. ***Lies zuerst den Text sorgfältig durch. Schreibe ihn dann Satz für Satz in dein Heft.***
   Vergleiche am Ende deine Abschreibeübung mit der Vorlage und korrigiere eventuelle Fehler.

2. ***Wiederhole die Regeln zur Nominalisierung von Verben und Adjektiven. Schlag dazu im Regelteil eines Wörterbuchs oder in deinem Sprachbuch nach.***

3. ***a)*** *Unterstreiche im Text die nominalisierten Verben und Adjektive zusammen mit ihren Begleitern oder Attributen.*
b) *Schreibe diese Fügungen als Wortgruppen heraus.*
Beispiel: alles Sehenswerte
c) *Bei welchen beiden Wortgruppen handelt es sich nicht um nominalisierte Verben, sondern um Nomen?*

4. *Bilde mit folgenden Wortlisten nominalisierte Adjektive und Verben. Schreibe die Fügungen auf.*
a) Begleiter: viel, alles, manches, etwas, nichts, allerlei
Adjektive: schön, neu, interessant, gut, genau, richtig, ungewohnt, fremd, lustig, sauer, üppig, fleißig, schnell
b) Begleiter: am, mit, durch, über, zum, beim
Verben: lachen, reden, üben, erstaunen, essen, schreiben, sprechen, lesen, überlegen, handeln
Beispiel: viel Schönes, ...
am Lachen ...

5. *Bilde mit je vier Wortgruppen aus Aufgabe 4 ganze Sätze und schreibe diese auf. Kontrolliere die Sätze in einer Partnerübung auf die Rechtschreibung.*

6. *Im Text kommen unter anderem folgende Fügungen vor:*
- von einem Ende der Welt ans andere
- Menschen von heute
- nicht wenige
- im Voraus

Schlag in einem Wörterbuch unter folgenden Stichwörtern die Regeln zur Groß- und Kleinschreibung nach:
andere – heute – voraus – wenige

7. *Man schreibt „jahrtausendealt", „jahrhundertealt", „jahrhundertelang", aber „viele Jahrtausende alt", „zwei Jahrhunderte lang" usw. Die jeweilige Rechtschreibung lässt sich durch die Wortart erklären: Temporaladverbien werden klein-, Nomen werden großgeschrieben. Schreibe drei Sätze, in denen diese Fügungen als Temporaladverbien gebraucht werden, und drei Sätze, in denen sie Nomen sind.*

Eine Kaffeespezialität: Tiramisu

Das Besondere an der auch in Deutschland sehr beliebten italienischen Nachspeise Tiramisu ist der feine Kaffeegeschmack. | Beim Kauf des Kaffees sollte man auf seine Stärke achten. | Am besten ist die Verwendung von Espresso. | Notwendig zum Erreichen einer geschmeidigen Masse | ist das Verrühren von 500 g Mascarpone, | 150 g Magermilchjogurt, vier Eigelb und einem Päckchen Vanillezucker. | 55

Das Auslegen einer rechteckigen Kuchenform mit Löffelbiskuits ist der nächste Schritt. | Nach dem Vermischen von 4 cl Mandellikör mit zwei Tassen Espresso | werden die Biskuits mit der Hälfte der Flüssigkeit beträufelt. | Anschließend wird alles mit der Hälfte der Mascarponecreme bedeckt. | Nach dem Auflegen einer weiteren Schicht Löffelbiskuits | wiederholt sich das Durchtränken mit dem Kaffeegemisch. | Den Abschluss bildet eine letzte Schicht Mascarpone. |
Vor dem Servieren sollte man das Bestäuben mit Kakao nicht vergessen, | dessen herber Geschmack etwas von der Süße dieses Desserts nimmt | – außerdem sieht das Tiramisu dadurch besonders appetitlich aus. 89

1. ***a)*** *Lies das Rezept durch und markiere dabei alle Fremdwörter, deren Bedeutung dir unklar ist oder deren Rechtschreibung dir Schwierigkeiten machen könnte. Kläre die Bedeutung der Fremdwörter mithilfe eines Lexikons und präge dir ihre Rechtschreibung ein, indem du sie dir von deinem Lernpartner/deiner Lernpartnerin diktieren lässt.*
b) *Diktiert euch nun je die Hälfte des Diktats gegenseitig, tauscht die Hefte aus und korrigiert anhand der Vorlage.*
c) *Erstellt gemeinsam eine Fehleranalyse und notiert zu den Fehlerschwerpunkten die jeweilige Rechtschreibregel. Nutzt dazu den Regelteil eines Wörterbuchs.*

2. ***a)*** *Unterstreiche im Text alle nominalisierten Adjektive und Verben und trage sie mit ihrem Begleiter in zwei Tabellenspalten ein.*

nominalisierte Adjektive	nominalisierte Verben
das Besondere	beim Kauf

b) *Ergänze die Tabelle mit je fünf weiteren Beispielen.*

3. a) *Übertrage folgende Sätze in normaler Schreibweise in dein Heft.*
Nachdergeschmacksanalyselassensichdiekaffeesorteninweichnussartigöligherbkräftigundbitterunterteilen.
Mehrereformenvonkaffeetassensindbekannt:dasschälchenistdieälteste.
Mangosseinwenigkaffeeindieuntertasseumihnsovordemtrinkenabzukühlen.
Zumtestendeskaffeesmussmaneinenausgeprägtengeschmacks-undgeruchssinnbesitzen.
Intürkischenkaffeehäuserntrankmanfrüheraufmattenundkissensitzendzuerstkalteswasserdanndenglühendheißenschäumendenundstarkenkaffee.
b) *Begründe die jeweilige Schreibung der Verben und Adjektive.*

4. *Bilde mithilfe der beiden Wortlisten nominalisierte Verben und formuliere damit einen kurzen Text zum Thema „Kaffee".*
- beim, zum, im, durch, mit dem, während des, vor dem
- ernten, rösten, pflücken, ruhen, verarbeiten, lagern, verschiffen

5. *Das Rezept ist überwiegend im Nominalstil abgefasst. Schreibe es in den Verbalstil um. Löse dabei so viele Nominalisierungen wie möglich sinnvoll auf.*
Beispiel: Beim Kauf des Kaffees …
Wenn man Kaffee kauft …

6. *Informiert euch im Internet über die Anbaugebiete des Kaffees, seine Verarbeitung und seinen Verkauf. Bildet drei Gruppen und erarbeitet ein Referat mit dem Thema „Vom Pflücken der Kaffeebohne bis zum Röstkaffee". Jede Gruppe befasst sich mit einem der folgenden Aspekte: Anbaumethoden, Kaffee-Ernte und Weiterverarbeitung, Transport und Verkauf. Während des Vortrags können sich die Mitschüler/innen die Kernaussagen stichwortartig notieren.*

7. *Kaffeepflücken ist eine harte und schlecht bezahlte Arbeit. Informiere dich im Internet, in Eine-Welt-Läden oder in Bibliotheken über die Arbeitsbedingungen und das Leben der Kaffeepflücker.*
Schreibe darüber eine Reportage.

Berlin und die Love-Parade

Der Vater der japanischen Familie wollte gerade den Film in seinem Fotoapparat wechseln, | als er das Dröhnen der Musik und das Schreien und Lachen näher kommen hörte. | Schnell lief er mit Frau und Tochter über die Wiese im Berliner Tiergarten zur Straße des 17. Juni, | um nichts Aufregendes zu verpassen. |
Unter Trommeln und Pfeifen näherte sich den verblüfften Japanern | der Zug der in Regenbogenfarben gekleideten Teilnehmer. | Einige hatten sich für die Love-Parade an diesem Samstag im Juli die Schädel kahl rasiert | und die Haare durch farbige Muster ersetzt. | Auf dem Hinterkopf eines der Tanzenden klebten Briefmarken aus allen Ländern. | Die Feiernden zogen mit ohrenbetäubendem Lärm an den Zuschauern vorbei. | 109

Herr Yokomoto schüttelte den Kopf, | als er zwei besonders fantasievoll Maskierte sah: | Das Mädchen war von Kopf bis Fuß in Pink gekleidet | und hatte ihr Gesicht durch eine stattliche Anzahl von Ringen verschönert, | der Junge war gelb bemalt und trug eine Sonnenblumenmaske vor dem Gesicht. | Frau Yokomoto staunte nicht schlecht, | als sie unter all den Jungen zwei Japanerinnen in ihrem Alter entdeckte: | Die Kleinere trug eine lange blonde Mähne, in die sie etwas Blinkendes geflochten hatte, | die Größere hatte eine riesige rote Fliegenaugenbrille aufgesetzt. |
Für Yokomotos kleine Tochter war jedoch das Schönste an diesem Nachmittag, | dass ihr einer der Marschierenden einen ganzen Eimer voll bunter Papierschlangen schenkte. 107

Tafel: Love-Parade (Loveparade), Yokomoto

1. *Diktiert euch den Text gegenseitig und korrigiert ihn gemeinsam anhand der Vorlage. Notiert die falsch geschriebenen Wörter in richtiger Schreibweise unter euren Diktaten.*

2. *Unterstreiche alle nominalisierten Verben, Partizipien und Adjektive. Übertrage die unterstrichenen Wörter zusammen mit ihren Begleitern in die folgende Tabelle.*

nom. Verben	nom. Partizipien	nom. Adjektive
das Dröhnen	nichts Aufregendes	in Pink

3. *Wiederhole, was du über die Nominalisierungen und ihre Begleiter gelernt hast. Stelle fest, zu welchen Wortarten die Begleiter gehören, die du in deine Tabelle eingetragen hast.*

4. *Bilde mithilfe der angegebenen Begleiter Nomen aus folgenden Verben und Adjektiven. Formuliere damit jeweils einen Satz.*
Begleiter: viel, wenig, etwas, genug, vier, der, die, das, zum, beim, vom
Verben: arbeiten, singen, staunen, zeichnen, erleben, vergessen
Adjektive: schön, klein, neugierig, hilfsbereit, mutig, ängstlich, lustig
Beispiel: Tina konnte das laute Lachen ihrer Freundin deutlich hören.

5. *Schreibe die folgenden Sätze in der richtigen Groß- und Kleinschreibung in dein Heft.*
Aus Pressemitteilungen
1. das feiern und tanzen schien kein ende zu finden bei der diesjährigen love-parade. 2. an kostümen und verkleidungen gab es auch dieses mal wieder viel aufregendes zu sehen. 3. viele zuschauer fanden die unterschiedlich geschmückten gesichter und körper der teilnehmer am interessantesten. 4. die lauten bässe der technomusik brachten viele lärmempfindliche zum zucken. 5. besorgnis erregend war das randalieren einzelner, wodurch die allgemein friedliche stimmung beeinträchtigt wurde. 6. für die berliner stadtreinigung waren die zurückgelassenen 200 tonnen müll etwas sehr ärgerliches. 7. auch die Polizei hatte an diesem Tag einiges zu tun: während die feiernden an nichts böses dachten, wurde in ihren reihen ein junger mann erstochen.

6. *Stell dir vor, du wärst bei der Love-Parade in Berlin gewesen. Verfasse für die Schülerzeitung einen Bericht über den Verlauf der Love-Parade und formuliere eine passende Überschrift. Verwende dabei nominalisierte Verben, Partizipien und Adjektive.*
Informiere dich zur Vorbereitung deines Artikels über die letzte Love-Parade in Zeitungen, Zeitschriften und im Internet.

7. *Ihr könntet eine Klassenfahrt nach Berlin unternehmen. Beschafft euch Informationen und überlegt, was ihr alles sehen wollt. Jede Gruppe arbeitet schriftlich einen Tagesplan aus.*
Erkundigt euch nach öffentlichen Zuschüssen für eure Reise in die Hauptstadt und nach Sponsoren in eurer Heimatstadt.

Volksfeste

Volksfeste sind Feste einer ganzen Bevölkerung. | Sie sind oft aus ackerbaulichen Bräuchen entstanden und gehören zum Brauchtum des Jahres. | Viele Feste sind uralt, zum Beispiel Frühlings- oder Erntefeste. | Schon die alten Griechen und Römer und unsere germanischen Vorfahren begingen sie. | Auf den Festplätzen trafen sich Jung und Alt zu Tanz und Spiel, | aber auch zum fröhlichen Zechen. |
Auch die Fastnachtsfeste lassen sich auf heidnisches Brauchtum zurückführen. | Arm und Reich fürchteten böse Geister und wollten diese durch Lärm und Radau vertreiben. | Noch heute sieht man mit Erstaunen und Bewunderung die Trachten und Masken, | die bei Fastnachtsumzügen getragen werden. | 97

Zu den Volksfesten zählen auch die Weihnachtsmärkte, die fast allerorts stattfinden. | Etwas Besonderes stellen der Dresdener Striezelmarkt und der Nürnberger Christkindlesmarkt dar. |
Anziehungspunkte für Groß und Klein sind auch solche Veranstaltungen wie das Münchner Oktoberfest, | die Leipziger Kleinmesse oder das Vogelschießen im Rheinland. | Letzteres leitet sich von den Schützengilden des Mittelalters her, | die mit einer Armbrust auf einen bunten hölzernen Vogel schossen. | Der Beste der Schützen wurde König der Schützengilde. |
In einigen Orten des Harzes, in Schierke oder auf dem Brocken, | begehen seit einigen Jahren wieder Zehntausende/zehntausende die Walpurgisnacht. | Als Hexen und Teufel verkleidet ziehen sie bis in die späte Nacht durch die Straßen oder umtanzen die Feuer. 108

1. *Lies den Text sorgfältig, achte besonders auf die Groß- und Kleinschreibung. Schreibe ihn dann Satz für Satz ab.*
   Vergleiche anschließend deine Abschreibeübung mit der Vorlage und korrigiere die Fehlerwörter.

2. *Notiere die Fehlerwörter in richtiger Schreibweise in deiner Fehlerkartei. Schreibe zu jedem Wort zwei Ableitungen oder Komposita oder bilde mit dem Wort zwei Wortgruppen.*
   Beispiel: uralt – Urbevölkerung, Urahn
   uralte Traditionen/Bräuche

3. *Schreibe aus dem Text die Adjektive heraus, die in Paarform zur Bezeichnung von Personen vorkommen.*
Beispiel: Jung und ...
a) *Formuliere schriftlich eine Rechtschreibregel.*
b) *Schreibe Sätze mit den Paarformeln des Textes und mit den folgenden:* Gleich und Gleich, Dick und Doof, Dick und Dünn.

4. a) *Schreibe die folgenden Wortgruppen auf und unterstreiche die Begleiter.*
zum Zechen, etwas Besonderes, der Beste, von Zehntausenden
b) *Informiere dich in einem Wörterbuch unter den Stichwörtern „beste" und „hundert" über die Rechtschreibmöglichkeiten.*
c) *Übertrage die folgende Tabelle in dein Heft und ergänze sie mit Beispielen aus dem Wörterbuch.*

klein	groß	klein	groß
beste	das Beste	hundert	Hunderte
am besten	zum Besten	ein paar hundert	ein paar Hundert

5. *Schreibe zwanzig Wörter oder Wortgruppen zur Groß- und Kleinschreibung fehlerfrei auf. Nutze dazu den Text und die Übungen. Schlag notfalls in einem Wörterverzeichnis nach.*

6. *Verwende diese Wortbeispiele für ein eigenes Übungsdiktat.*

7. a) *Verfasse einen etwa 70 bis 80 Wörter umfassenden Text zum Thema „Volksbräuche in unserer Heimat". Achte auf die richtige Groß- und Kleinschreibung.*
b) *Gestaltet mit euren Texten eine Wandzeitung.*

8. *Erarbeitet aus dem Material von Aufgabe 7 eine Website für das Internet.*

Eine neue Hausordnung für die Schule

Liebe Schülerinnen und Schüler, |
wie ihr wisst, haben wir in den letzten Wochen unseren Schulalltag genauer beobachtet, | um unsere Schulordnung nun überarbeiten zu können. | 24

1. Zu Recht bestehen die Forderungen älterer Schülerinnen und Schüler nach mehr Großzügigkeit bei der Pausenordnung. | In Bezug auf die Wünsche nach mehr Spielmöglichkeiten auf dem Pausenhof, | zum Beispiel Basketballkörben oder Fußballtoren, | müssen wir erst die Finanzierung klären. | Im Besonderen werden wir mit Hilfe/mithilfe des Fördervereins Sponsoren suchen, | die uns bei der Umgestaltung unseres Schulhofs unterstützen. | 55

2. Es tut uns leid, dass wir das Schülercafé nicht einrichten können, | denn die Schulverwaltung sieht sich zurzeit außer Stande/außerstande, | eine Betreuerin für die Einrichtung zu bezahlen. | Natürlich müssen wir auch die Wünsche und Rechte unserer jüngeren Schülerinnen und Schüler berücksichtigen. | Sie benötigen Platz zum Spielen, | insbesondere die Möglichkeit zu rennen, | ohne sich und andere dabei in Gefahr zu bringen. | 59

3. Im Großen und Ganzen werden wir die schriftlich und mündlich geäußerten Vorschläge | in unsere neue Schulordnung aufnehmen können. | Wir bedanken uns bei allen, die uns durch ihre Anregungen geholfen haben, | vor allem danken wir für die Unterstützung, | die uns vonseiten/von Seiten der Elternvertreter zuteilwurde. 45

1. *Setzt euch in Dreiergruppen zusammen und diktiert euch jeweils einen Abschnitt des Textes. Tauscht eure Diktate untereinander aus und korrigiert sie durch Vergleichen mit der Vorlage.*

2. *Schreibt die unterstrichenen Wortgruppen aus dem Text heraus und bildet damit Beispielsätze, die ihr in euer Heft schreibt.*

3. *Notiere dir die Stichwörter „Recht – recht", „Leid – leid", „Bezug", „Seite", „Stand(e)", „Teil". Informiere dich über die Rechtschreibvarianten in einem Wörterbuch und formuliere einen Merksatz.*

4. *Übertrage die folgenden Wortgruppen in der richtigen Schreibweise in dein Heft.*

- das ist mir ganz (r)echt; er ist im (r)echt; von (r)echts wegen; ich gebe dir (r)echt; er hat (r)echt behalten
- ich bin es (l)eid; es tut ihm (l)eid; jemandem etwas zu (l)eide tun; in Freud und (l)eid
- auf die Sache (b)ezug nehmen; mit (b)ezug darauf; darauf (b)ezug nehmend
- zur (s)eite stehen; (s)eitens des Betriebes; von (s)eiten meiner Eltern
- er hat einen schweren (s)tand; etwas in(s)tand setzen; ich bin außer (s)tande
- ich für meinen (t)eil; an etwas (t)eilhaben; eines(t)eils

5. *In einigen Fällen lässt das Wörterbuch zwei unterschiedliche Schreibweisen zu, je nachdem, ob die Fügung getrennt oder zusammengeschrieben wird.*

a) *Unterstreiche diese Fälle in Übung 4, übertrage sie in eine Tabelle und ergänze sie mit weiteren Beispielen.*

Großschreibung	Kleinschreibung
ich gebe dir Recht	ich gebe dir recht

b) *Bilde mit je zwei Beispielen aus jeder der beiden Gruppen Sätze für ein Übungsdiktat, das du deinem Lernpartner/deiner Lernpartnerin diktierst.*

c) *Notiere die Fügungen, die dir besondere Schwierigkeiten machen, in deiner Fehlerkartei.*

6. *In der Hausordnung für die Schule kommen Fügungen wie „im Besonderen", „im Großen und Ganzen" und „insbesondere" vor.*

a) *Informiere dich über diese Stichwörter in einem Wörterbuch. Schreibe die folgenden Wörter und Wortgruppen in der richtigen Schreibweise ab. Nutze dabei als Entscheidungshilfe das Wörterbuch.*

im (w)esentlichen, im (a)llgemeinen, im (f)olgenden, das und (ä)hnliches, zum (b)esten geben, aus dem (v)ollen schöpfen

b) *Bilde Sätze mit diesen Ausdrücken und schreibe mit den Sätzen einen Übungstext.*

7. *Wie sollte nach deiner Meinung der ideale Pausenhof aussehen?*

Ein Praktikumsplatz im Krankenhaus

Stefan hatte monatelang überlegt, | wo er sein vierwöchiges Betriebspraktikum machen sollte. | Er interessierte sich für soziale Berufe | und hatte sich schließlich im Altenwohnheim beworben, | wo er seinen 90-jährigen Urgroßvater regelmäßig am Mittwochnachmittag besuchte. |
Doch die Stelle war bereits seit Monaten vergeben | und Stefan ärgerte sich tagelang, | dass er sich nicht früher darum gekümmert hatte. | Er ging im Geiste alle sozialen Einrichtungen in seiner Umgebung durch, | bis er eines Morgens auf die Idee kam, | sich im Städtischen Krankenhaus zu bewerben. | Noch am selben Tag rief er nachmittags dort an und erkundigte sich nach einem Praktikumsplatz. | Schon zwei Tage später, als er mittags aus der Schule kam, erhielt er eine Nachricht: | Er sollte am nächsten Montag um 16 Uhr zu einem Vorstellungsgespräch ins Krankenhaus kommen. | Er hatte Glück: Das Gespräch verlief gut(,) | und bereits am Donnerstagmorgen der darauffolgenden Woche | konnte er mit dem Praktikum beginnen, | das ihn von früh bis spät sehr in Anspruch nahm. 153

1. ***a)*** *Lies zunächst den Text aufmerksam und beachte vor allem die Zeitangaben. Lies dann Satz für Satz und schreibe ihn auswendig in dein Heft. Tausche deine Abschreibeübung mit deinem Lernpartner/ deiner Lernpartnerin aus und korrigiere anhand der Vorlage.*
b) *Verbessert die Fehler gemeinsam. Übertragt alle falsch geschriebenen Zeitangaben in richtiger Schreibweise in eure Fehlerkartei und verwendet sie in jeweils zwei Beispielsätzen.*

2. ***a)*** *Unterstreiche in der Textvorlage alle Zeitangaben. Überlege:*
- *Wann werden die Zeitangaben groß-, wann kleingeschrieben?*
- *Welche Zeitangaben sind zusammengeschrieben?*

Notiere in ganzen Sätzen, welche Regeln du erkennen kannst.
b) *Überprüfe deine Erkenntnisse mithilfe deines Sprachbuchs oder des Regelteils in deinem Wörterbuch.*

3. *Trage die Zeitangaben aus der Textvorlage in folgende Tabelle ein.*

Adverb	adverbiale Bestimmung	Adjektiv
monatelang	am Mittwochnachmittag	vierwöchiges
schließlich	...	...

4. ***a)*** *Ordne die folgenden Zeitangaben in richtiger Schreibweise in deine Tabelle ein.*
INZWISCHEN, OFT, DIENSTAG/NACHT, SONNTAG/FRÜH, DAMALS, AM MORGEN, ABENDS, FREITAG/ABENDS, MORGENS, SPÄTESTENS, VORMITTAG, DEMNÄCHST, ÜBERMORGEN/NACHMITTAG, AM ABEND, IN DER NACHT, SONNTAGS, AM WOCHENENDE, VORGESTERN, GESTERN/ABEND, VORHIN, AM SPÄT/NACHMITTAG, NIE, FREITAGS
b) *Verwende jede Zeitangabe in einem Beispielsatz und diktiere die Sätze deinem Lernpartner/deiner Lernpartnerin.*

5. ***a)*** *Entscheide: Handelt es sich um ein Adverb oder um ein Adjektiv?*
Die Gespräche fanden in zweitägigem Abstand statt. Die Tropfen sind dreimal täglich einzunehmen. Tägliches Lernen ist besser als einmaliges Pauken. Er kam damals sehr oft spätabends vorbei.
b) *Verwende folgende Wörter als Adverb oder als Adjektiv. Notiere neben jedem Beispielsatz die Wortart der Zeitangabe.*
jährlich, stündlich, achttägig, häufig, selten, zweistündig, vierteljährlich, dreimonatig, sechswöchig

6. ***a)*** *Hast du dir schon überlegt, wo du gern ein Praktikum machen würdest? Schreibe einen Brief, in dem du dich um einen Praktikumsplatz bewirbst.*
Vergleicht eure Bewerbungsschreiben und stellt fest, ob alles Wichtige enthalten ist. Ergänzt Fehlendes und streicht Überflüssiges.
b) *Du hast schon ein Praktikum absolviert? Dann berichte darüber, sodass sich der Leser den täglichen Ablauf vorstellen kann.*

7. ***a)*** *Verfasse einen Wochenbericht, in dem du neben dem täglichen Unterricht auch deine anderen regelmäßigen Aktivitäten anführst. Achte auf die richtige Schreibung der Zeitangaben.*
b) *Lass dir deinen Bericht von deinem Lernpartner/deiner Lernpartnerin diktieren.*

Vorstellungsgespräch

Sandra ist Schülerin in einer zehnten Klasse. | Im Juli wird sie die Schule beenden, | sicher mit guten Noten, denn Sandra arbeitet sehr fleißig. | Sie möchte Bankkauffrau werden und weiß, | welche Anforderungen Banken an Auszubildende stellen. |
Nun ist sie für Dienstagmorgen zu einem Vorstellungsgespräch eingeladen worden. | Bis dahin hat sie noch einige Tage Zeit, um sich vorzubereiten. | Seit sie von dem Termin weiß, kann sie abends nicht gut einschlafen. | Auch am Morgen ist sie schon zeitig wach. | Sie überlegt, was man sie fragen wird, | aber auch, welche Fragen sie selbst im Gespräch stellen könnte. | Erst gestern hat der Berater vom Arbeitsamt ihr empfohlen, | sich über das Unternehmen gut zu informieren. | 109

Für Sonnabend hat sie sich einiges vorgenommen. | Am Vormittag will sie sich eine neue Hose und eine Bluse kaufen. | Gegen Mittag kommt ihre Freundin, eine angehende Friseuse, | und schneidet ihr die Haare, | nachmittags will sie sich mit ihrer Kusine treffen. | Anna arbeitet bei einer Bank und kann ihr bestimmt ein paar Tipps geben. |
Nach der Hektik dieser Tage will sie den Sonntag ruhig angehen. | Sie hofft, morgens länger schlafen zu können. | Dann wird sie sich in aller Ruhe einige Testbögen aus dem Übungsmaterial ansehen. | Am späten Nachmittag oder Abend will sie mit Freunden in eine Disko gehen. 97

***1. a)** Schreibe den Text satzweise in dein Übungsheft. Kontrolliere nach jedem Satz die Rechtschreibung, indem du deinen Text mit der Vorlage vergleichst, und markiere die Wörter, die du falsch geschrieben hast.*
***b)** Am Ende deiner Abschreibeübung notierst du diese Fehlerwörter in richtiger Schreibweise unter deiner Übung.*

***2.** Unterstreiche alle Zeitangaben im Text, die Nominalformen grün und die Adverbien blau.*

***3.** Informiere dich im Regelteil deines Sprachbuchs oder eines Wörterbuchs über die Groß- und Kleinschreibung von Tageszeiten.*

4. *Ordne die Beispiele aus dem Text in die Tabelle ein.*

Großschreibung Nomen	Kleinschreibung Temporaladverbien
Sonntag	heute
am Morgen	abends

5. ***a)*** *Nach Adverbien wie „gestern“, „heute“ werden Tageszeiten großgeschrieben: gestern Vormittag. Suche weitere Beispiele.*
b) *Ausnahmen von dieser Regel sind Fügungen mit „früh“. Hier kann groß-, aber auch kleingeschrieben werden: morgen früh – morgen Früh. Notiere hierzu zwei Beispielsätze in dein Heft.*

6. *Verwende aus jeder Spalte von Aufgabe 4 und aus deiner Lösung zur Aufgabe 5 a) jeweils drei Beispiele in Sätzen.*
Diktiere diese deinem Lernpartner/deiner Lernpartnerin.

7. *Groß oder klein?*
Schreibe ab, entscheide dich für die richtige Schreibweise.
Den ganzen (a)bend über war es recht stürmisch. Erst (n)achts ließ der Wind allmählich nach. Am nächsten (m)orgen strahlte die Sonne und wir konnten von (m)orgens bis (s)pätabends im Garten bleiben. Über (m)ittag wurde es sogar richtig heiß. Zwar zogen (n)achmittags ein paar Wolken auf, aber am (a)bend waren sie wieder verschwunden. Die (n)acht war lau und der Himmel war sternenklar.
Hoffentlich ist das Wetter am Wochenende ähnlich. Wir wollen (s)onnabendnachmittag zu Freunden fahren und dort bis (s)onntag bleiben.

8. *Schreibe ein Übungsdiktat, das etwa 50 Wörter umfasst.*
Verwende darin verschiedene Zeitangaben.
Thema: Vorbereitung einer Reise, eines Ausflugs, …

Wirbelstürme

Es gibt wohl niemanden, der noch nichts von ihnen gehört hätte, | von den Wirbelstürmen. | Wie entstehen sie? | Um ein Zentrum außerordentlich niedrigen Luftdrucks kommt es zu starken Luftbewegungen, | zu Ausgleichsströmungen, die vom Hoch zum Tief gerichtet sind. | Die Wirbelstürme heißen je nach Entstehungsgebiet Hurrikan, Taifun oder Tornado. | Hurrikans bilden sich sowohl über dem Pazifik als auch über dem Atlantik. | Über dem Atlantischen Ozean entstehen sie schon in niedrigen Breiten westlich von Afrika. | Bei ihrer westwärts gerichteten Verlagerung verstärken sie sich | und entfalten ihre verheerende Wirkung über den Westindischen Inseln, | der Karibik, dem Golf von Mexiko | und den südlichen und südöstlichen Küstenstaaten der Vereinigten Staaten von Amerika. | 106

Auf dem Meer ist der Hurrikan häufig von starkem Seegang | und insgesamt von intensiven Niederschlägen begleitet. | In den vergangenen Jahrhunderten haben diese Stürme oft den Untergang von Segelschiffen herbeigeführt. | Auch die über dem Indischen und dem Pazifischen Ozean entstehenden Taifune | führen nicht selten zu gewaltigen Zerstörungen in den betroffenen Staaten, | etwa auf den japanischen Inseln oder über den Philippinen. | Ähnlich schwere Schäden können die Tornados über Nordamerika verursachen. |
Auch in den europäischen gemäßigten Breiten treten mitunter Wirbelstürme auf. | Interessant ist an ihnen und an den Tornados | der „Wolkenrüssel“ oder „Wolkenschlauch“, | ein aus der Wolke heraushängender Wolkentrichter, | der in einen „Fuß“ aus aufgewirbeltem Staub, Sand oder Wasser mündet. 107

1. *Wiederhole im Regelteil deines Wörterbuchs die Schreibung geografischer Namen, Eigennamen und Gattungsnamen.*

2. *a) Lies den Text sorgfältig durch, lies dann jeden Satz noch einmal. Präge dir den Satz ein und schreibe ihn aus dem Kopf in dein Heft.*
   b) Vergleiche nach dem Abschreiben Text und Abschreibeübung sorgfältig miteinander. Unterstreiche eventuelle Fehler, schreibe anschließend diese Wörter in richtiger Schreibweise in deine Fehlerkartei.

3. *Unterstreiche im Text alle geografischen Namen. Trage sie in die Tabelle in deinem Heft ein.*

Nomen	zusammengesetzte geografische Eigennamen
Pazifik	Pazifischer Ozean

4. *Welche Wortgruppen aus der folgenden Wortliste sind Eigennamen? Trage diese ebenfalls in die Tabelle ein. Falls du unsicher bist, schlag in einem Atlas oder einem Lexikon nach.*
(r)otes Becken, (g)roße Sandwüste, (s)chwäbische Alb, (b)öhmisches Bäderdreieck, (f)riesische Dörfer, (i)rische Butter, (s)chwarzes Meer, (s)chweizer Schigebiete, (h)essisches Bergland, (w)estfälischer Schinken, (l)ibysche Wüste, (n)ordamerikanische Indianer, (o)stfriesische Inseln, (k)alifornischer Wein, (a)rabisches Meer, (a)rgentinische Rinder, (o)stafrikanischer Graben, (b)rasilianischer Regenwald, (s)üdchinesisches Meer, (b)ayerischer Wald

5. *Sucht die geografischen Eigennamen, die im Diktat genannt werden, in eurem Atlas. Vielleicht dürft ihr diese Gebiete auch im Geografieunterricht auf einer Karte vor der Klasse zeigen.*

6. *Bereite einen Text mit geografischen Begriffen und Eigennamen als Übungsdiktat für den Unterricht vor. Du könntest zum Beispiel einen Werbetext für ein Reisebüro schreiben.*
Diktiere diesen Text einer Arbeitsgruppe aus etwa vier Schülerinnen oder Schülern. Korrigiert anschließend gemeinsam. Besprecht die aufgetretenen Fehler und notiert sie in richtiger Schreibweise in der Fehlerkartei.

7. ***a)*** *Verwende die in Übung 4 angeführten geografischen Begriffe – böhmisch, friesisch usw. – in anderen Wortgruppen.*
Beispiel: böhmische Musik, böhmische Küche
b) *Schreibe zehn geografische Begriffe auf, und zwar getrennt nach Eigennamen und Gattungsnamen.*
Beispiel: Thüringer Wald – geografischer Eigenname
sächsische Mundart – geografischer Gattungsname
c) *Lass die Übung von deinem Lernpartner/deiner Lernpartnerin korrigieren und verbessere deine Fehler.*

Land zwischen Alpen und Mittelmeer

Viele fühlen sich an den Garten Eden erinnert, | wenn sie den Namen Provence hören. | Sie denken an den duftenden Lavendelteppich, | an die vom Summen der Bienen erfüllte Luft, | an das kräftige Dottergelb der weiten Sonnenblumenfelder | und an die Stille der Bergdörfer. | Sie träumen von silbrig flirrenden Olivenhainen und vom zarten Grün der Weinberge, | von dem faszinierenden Licht, | das Maler aus aller Welt in seinen Bann zieht. | 66

Die Griechen brachten vor mehr als zwei Jahrtausenden den Wein und die Oliven ins Land. | Römische Legionen eroberten das griechische Siedlungsgebiet | und hinterließen in der römischen Provinz Gallia als wesentliches Erbe ihre Sprache, | die sich mit dem Gallischen zum Provenzalischen vermischte. | Seine Blüte erlebte es während des Mittelalters in den Liedern der Troubadours. | Zuvor wurde das Land von West- und Ostgoten durchzogen, | kam kurz nach der Jahrtausendwende unter die Oberhoheit des Heiligen Römischen Reiches, | gehörte kurze Zeit zur spanischen Krone | und kam schließlich zu Frankreich. |
Im Laufe der wechselvollen Geschichte wehrten die Bewohner das Fremde nicht ab, | sondern machten es sich in allen Lebensbereichen zu Nutze/zunutze. 106

Tafel: Provence, Provenzalisch, Troubadour

Ein verflixter Tag

Ich stehe täglich gegen sechs Uhr auf und bin eigentlich immer pünktlich in der Schule. | Aber manchmal ist es wie verhext. | Beim Kämmen klappt es mit der Frisur nicht. | Im Bad fällt mir alles Mögliche aus den Händen. | Das Shirt, das ich mir zum Anziehen herausgelegt hatte, | hat meine Mutter mit allem anderen zum Waschen mitgenommen. | Als ich meine Tasche packe, weiß ich, | dass ich noch etwas Wichtiges mitnehmen wollte. | Aber was? | Mir ist von vornherein klar, der Tag wird nichts Gutes bringen. | 83

Als ich um Viertel nach sieben außer Atem zur Bushaltestelle komme, sehe ich gerade noch die Rücklichter vom Schulbus um die Häuserecke verschwinden. | Zum Glück fahren die Busse im Zehn-Minuten-Takt, | sodass ich es wohl noch rechtzeitig zur Schule schaffen werde. | Da fällt mir ein, was ich zu Hause vergessen habe: | das Geburtstagsgeschenk für meine Freundin. | Wenn ich heute Nachmittag zur Party komme, | werde ich mit leeren Händen dastehen. | Ich laufe zurück, hole das Päckchen | und erreiche gerade noch den nächsten Bus. | Beim Einsteigen fragt mich der Kontrolleur nach meiner Monatskarte. | Was für ein Glück: Ich habe sie dabei! 98

Frischkäsezubereitung

An diesem Montagmorgen sollte die Klasse 9 d ihre Hefte ungeöffnet auf den Tischen liegen lassen. | Ein Lebensmitteltechniker, Herr Sanders, war eingeladen worden, | eine Einführung in die Käseproduktion zu geben. | Anschließend wollte er der Klasse die Herstellung von Frischkäse klarmachen. | Damit das große Interesse der Schülerinnen und Schüler nicht gleich wieder verloren ging, | nahm sich Herr Sanders vor, nicht zu viel Theorie vorzutragen. | Er wollte die Aufmerksamkeit der Klasse mit einem Experiment aufrechterhalten | und hoffte, dass es nicht schiefgehen würde. | Nachdem er einige Informationen über die Bestandteile der Milch gegeben | und den Prozess ihrer Eindickung erklärt hatte, | versetzte er die auf 30 Grad Celsius erwärmte Milch | mit einer Starterkultur aus Milchsäurebakterien | und gab dem Gemisch ein Labferment hinzu, um die Gerinnung zu beschleunigen. | Der Chemielehrer sah an diesem Morgen zu seiner großen Verwunderung, | dass alle Schülerinnen und Schüler sogar nach dem Klingelzeichen noch gebannt auf ihren Plätzen sitzen blieben. Er wusste, dass alle im Hin- 161
blick auf die Käseproduktion nun klarsehen können.

Tafel: Labferment

1. ***a)*** *Korrigiere dein Diktat anhand der Textvorlage und notiere die Fehlerwörter in richtiger Schreibweise in deiner Fehlerkartei.*
   b) *Unterstreiche im Diktat alle zusammengeschriebenen Verbindungen aus Adjektiv + Verb und formuliere einen Merksatz zur Rechtschreibung.*

2. *Einige Verbindungen aus Adjektiv + Verb müssen mal getrennt, mal zusammengeschrieben werden. Die jeweilige Bedeutung der Verbindung ist dafür verantwortlich.*
   Beispiel: Das Fenster soll offen bleiben.
   (Getrenntschreibung in der konkreten Bedeutung.)
   Eine Frage muss offenbleiben. Es gibt noch keine Antwort.
   (Zusammenschreibung in der übertragenen Bedeutung.)
   Formuliere auch mit folgenden Verbindungen Beispielsätze.
   klein/machen, wach/halten, kalt/lassen, hoch/halten, allein/stehen, richtig/liegen

3. *Im Diktat kommen zwei Verbindungen aus Verb + lassen und bleiben vor. Diese Verbindungen können bei übertragener Bedeutung auch zusammengeschrieben werden.*
a) *Schreibe die Verbindungen heraus.*
b) *Verwende sie in der übertragenen Bedeutung in zwei Sätzen.*

4. **a)** *Getrennt- oder Zusammenschreibung? Diktiert euch den folgenden Text je zur Hälfte gegenseitig.*
Im Nachhinein war Jutta froh, dass sie diesen Morgen zu/Fuß zur Schule gehen musste. Sie hatte die alte Dame schon so/oft vom Fenster des Schulbusses aus gesehen, dass sie sich an sie erinnern konnte. Die Frau schien durchaus imstande/zu/sein, allein ihren Weg zu/gehen. Nur an diesem verregneten Morgen war es ihr wohl zu/viel geworden. Der Wind peitschte die letzten Herbstblätter durch die Straßen und der Bus hatte zu/letzt auch noch eine Panne. So/schnell wie möglich hastete Jutta die Straße entlang, um nicht zu/spät zu/kommen, als sie die alte Frau am Boden liegen sah. So/viele Passanten normalerweise um diese Zeit auf der Straße waren, so/wenig Gesichter waren es heute. Jutta zog die Frau mit ihren ganzen Kräften hoch. Zu/tiefst erschrocken über ihren Sturz bedankte sich diese herzlich bei dem Mädchen. Sie nahm sich vor, bei ähnlichen Wetterverhältnissen von jetzt an so/oft wie möglich den Bus zu nehmen.
b) *Korrigiert eure Diktate gemeinsam mithilfe eines Wörterbuchs. Übertragt alle falsch geschriebenen und schwierigen Fügungen in eure Fehlerkartei. Notiert neben jeder Fügung einen Beispielsatz.*

5. *Erkundigt euch, wo in eurer Nähe ein Molkereibetrieb ist, und fragt dort wegen einer Betriebsbesichtigung nach. Ihr könnt euch über die Produkte und ihre Herstellung, aber auch über mögliche Praktikumsplätze informieren.*

6. *Bildet Gruppen und informiert euch zum Beispiel in Kochbüchern darüber, wo in Europa Käse hergestellt wird und welche unterschiedlichen Sorten es in den verschiedenen Ländern gibt.*
Jede Gruppe spezialisiert sich auf ein Land oder eine Käsesorte, stellt die gesammelten Informationen auf einem Plakat zusammen und trägt die Ergebnisse der Klasse vor. Vielleicht könntet ihr auch ein paar Kostproben mitbringen.

Probleme mit der Freizeit

Viele Jugendliche sind mit dem Freizeitangebot in ihrem Heimatort unzufrieden. | Es ist nichts los. | Das Angebot an Arbeitsgemeinschaften in den Schulen ist oft begrenzt oder nicht attraktiv. |
Sportstätten, Turnhallen, Hallenbäder werden überwiegend von Vereinen genutzt, | aber nicht jeder will am regelmäßigen Training in einer Sportgemeinschaft teilnehmen. | Sicher, im Sommer kann man Fußball spielen, Rad fahren oder etwas Ähnliches tun. | Im Winter bieten sich in Gebirgsgegenden Freizeitaktivitäten wie Ski laufen, Schlitten fahren oder Snowboard fahren an. | Eisstadien verlocken manchen zum Eislaufen, | aber das ist ein Vergnügen, das man in größeren Städten auch ganzjährig haben kann. | 94

Für manchen Achtzehnjährigen bringt der Erwerb des Führerscheins | ein Stück der ersehnten Freiheit und Abwechslung. | Endlich darf er Auto fahren. | Leider verwechseln viele Jugendliche fahren dürfen mit fahren können, | wie die Unfallstatistik zeigt. | Ein besonderes Problem sind die so genannten Disko-Unfälle. | Auch Tanzen lernen ist wieder modern. | Die Fünfzehn- und Sechzehnjährigen nehmen Angebote der Tanzschulen gern an, | allerdings ist Walzer tanzen eher ein notwendiges Übel. |
In einigen Orten gibt es Jugendklubs, in denen sich die jungen Leute abends treffen. | Dort können sie zum Beispiel Billard oder Dart spielen. | Es gibt Vorträge, Musikvorführungen | oder man kann einfach miteinander reden. | Schülercafés, die es mehr und mehr an Schulen gibt, | entsprechen ebenfalls dem Wunsch nach Geselligkeit unter Gleichaltrigen. 115

1. ***a)*** *Arbeite mit einem Lernpartner / einer Lernpartnerin. Lest den Text zunächst aufmerksam durch und diktiert ihn euch anschließend gegenseitig je zur Hälfte.*
b) *Tauscht die Diktate aus und korrigiert sie anhand der Vorlage.*
c) *Notiert schwierige und falsch geschriebene Wörter in eurer Fehlerkartei. Bildet mit diesen Problemwörtern je zwei Ableitungen oder Zusammensetzungen.*

2. ***a)*** *Unterstreiche in der Textvorlage alle Verbindungen, die aus Nomen und Verb gebildet wurden.*
Beispiel: Rad fahren

b) *Schreibe diese Fügungen aus dem Text heraus. Bilde damit Sätze, aus denen du einen Übungstext erstellst.*
c) *Diktiere den Text deinem Lernpartner/deiner Lernpartnerin.*

3. ***a)*** *Informiere dich im Regelteil eines Wörterbuchs oder in deinem Sprachbuch über die Rechtschreibung bei Verbindungen von Nomen und Verb.*
b) *Übertrage folgende Verbindungen in richtiger Schreibweise in dein Heft und formuliere damit ganze Sätze.*
(k)affee/trinken, (e)is/essen, (s)chlittschuh/laufen, (s)paß/haben, (c)omputer/spielen, (w)ert/haben, (m)ut/machen, (l)ust/haben, (d)iät/halten
Achte darauf, ob du in deinen Sätzen diese Verbindungen als Wortgruppe oder als zusammengesetztes Nomen verwendest.
Wortgruppe: Nach der Schule gehen wir gern zusammen Eis essen.
Zusammengesetztes Nomen: Ich frage meine Freundin, was sie davon hält, wenn wir nach dem Training zum Eisessen gehen.
c) *Schlage die folgenden Beispiele im Wörterbuch nach und schreibe sie richtig in dein Heft.*
(t)eil/nehmen, (s)tand/halten, (s)tatt/finden, (f)ehl/schlagen, (s)chluss/folgern

4. ***a)*** *Oftmals gebrauchen wir Ableitungen und Zusammensetzungen, die eine Zahl enthalten.*
Beispiele: doppelt und dreifach, 4-fach, Achtpfünder, ein 32stel, einsilbig, ein Viertel, 20-jährig
b) *Formuliere zu diesen Beispielen eine Rechtschreibregel und schreibe sie in dein Heft. Schlage anschließend im Regelteil deines Wörterbuchs unter „Getrennt- und Zusammenschreibung" nach und überpüfe, ob du die Regel richtig formuliert hast.*

5. ***a)*** *Schreibe einen Artikel über Freizeitangebote in deinem Heimatort. Verwende dabei einige Verbindungen aus dem Diktattext und aus Übung 3.*
b) *Sucht zu euren Artikeln passende Bilder und gestaltet damit eine Wandzeitung.*

Probleme mit dem Taschengeld

Geht es euch ähnlich? | Das Taschengeld ist oft nach vierzehn Tagen aufgebraucht, | und was vom Monat übrig bleibt, das sind viele lange, trübe Tage, | an denen man wegen Geldmangels nichts unternehmen kann. | Man ist völlig pleite, abgebrannt, arm wie eine Kirchenmaus. | Es hat auch keinen Zweck, mit den Eltern schönzutun. | Sie sind der Ansicht, man solle sich das Geld besser einteilen. | Manchen Eltern fällt es schon schwer genug, | die Ausbildung der Kinder abzusichern. | Da ist es schon leichter, | bei den Großeltern Verständnis für seine Geldnöte zu wecken. | Großmutter will vielleicht an den Enkeln gutmachen, | dass sie ihre Kinder früher kurzgehalten hat. | 102

Wenn man sichergehen will, dass das Geld den Monat über reicht, | sollte man seine Ausgaben planen und alles aufschreiben. | So vermehrt sich das Geld zwar nicht, aber man kann unnütze Ausgaben vermeiden. | Man muss sich auch deutlich machen, | dass Freizeit nicht nur müßiggehen bedeutet. | Es ist sinnvoll, nach einer Arbeit zu suchen, | der man neben der Schule nachgehen kann. | Etliche Schüler tragen Zeitungen aus, andere füllen Regale im Supermarkt auf. | Die Eltern sollten aber auf jeden Fall mit ihren Kindern reden und klarstellen, | dass die Schule wichtiger als das Geldverdienen ist. 93

1. ***a)*** *Schreibe den Text satzweise ab, vergleiche die Abschreibeübung mit der Vorlage und korrigiere deinen Text.*
b) *Schreibe die Fehlerwörter in deine Fehlerkartei. Überlege bei jedem Fehler, wodurch er zustande gekommen sein könnte und ob du Regelwissen außer Acht gelassen hast.*
Notiere die Rechtschreibregel, wo es möglich ist.

2. *Im Text geht es vorrangig um die Getrennt- und Zusammenschreibung bei Adjektiv und Verb.*
a) *Unterstreiche diese Fügungen im Text.*
b) *Schreibe diese Rechtschreibfälle untereinander in dein Heft und notiere daneben den Infinitiv und die 3. Person Präteritum.*
Beispiel: übrig bleibt – übrig bleiben, (es) blieb übrig
schönzutun – schöntun, (sie) tat schön

3. *Informiere dich im Regelteil deines Wörterbuchs über die Regeln für die Getrennt- und Zusammenschreibung bei Verbindungen von Adjektiv und Verb, wenn*
a) *das Adjektiv zusammen mit dem Verb eine neue Gesamtbedeutung bildet,*
b) *bei Wortgruppen aus Adjektiv und Verb das unter a) Angeführte nicht zutrifft.*

4. *Trage die Fügungen aus dem Text in folgende Tabelle ein. Lass am Ende der Tabelle Platz für weitere Eintragungen.*

Getrenntschreibung	Zusammenschreibung Adjektiv und Verb bilden eine neue Gesamtbedeutung
übrig bleiben	(jemandem) schöntun

5. *Schreibe Sätze, in denen du diese Fügungen im Infinitiv verwendest.*
Beispiel: Von der Torte wird nichts übrig bleiben, weil sie so lecker schmeckt.
Um das Kätzchen zu bekommen, wird sie ihren Eltern schöntun.

6. ***a)*** *Ergänze die Tabelle, indem du die Beispiele aus der Wortliste in die richtigen Spalten einträgst.*
ruhig bleiben, klein beigeben, sicherstellen, jemanden freisprechen, logisch denken, leichtfallen, klar sprechen, etwas freistellen (erlauben), heimlichtun, schnell laufen
b) *Bilde analog zur Aufgabe 5 mit diesen Fügungen Sätze.*
c) *Verwende einige Fügungen in einem Diktat für eine Partnerübung. Mögliche Themen: „Bei Gericht", „Streit in der Klasse".*

7. *Führe einen Monat lang ein Haushaltsheft über deine Ausgaben und stelle sie nach Bereichen zusammen: Schule, Freizeit, Sport usw. Wofür gibst du am meisten aus? Wo könntest du etwas einsparen?*

Ayurveda

Die Kulturen des Ostens versuchten immer schon, | ihr medizinisches Wissen mit dem Lebensalltag des Menschen in Einklang zu bringen. | Ein Beispiel dafür ist das medizinische System Indiens, die Ayurveda. | Es entstand vor etwa 2400 Jahren | und erreichte seine heutige Form im Wesentlichen um 500 n. Chr. |

„Ayurveda" heißt „Wissen vom Leben". | Nach dieser medizinischen Auffassung entsteht Krankheit | infolge eines Ungleichgewichts zwischen den drei Körpersäften Galle, Schleim und Atem. | Zur Heilung wird ein breitgefächertes Angebot bereitgehalten: | Kräuter, Mineralien, Operationen, aber auch rituelle Gesänge und Opfergaben. | Die Geschmacksrichtungen der ayurvedischen Medizin | stellen die heilenden Eigenschaften von Kräutern und Mineralien dar. | So ist zum Beispiel Süßholz bitter und süß schmeckend, | Myrrhe bitter und scharf, Früchte dagegen sind sauer. | Die Medikamente werden in unterschiedlicher Form verabreicht: | Manchmal werden sie weich gekocht und dann als Umschläge, | als Salben, Tabletten oder als Badeöle verwendet. |

Die genaue Dosis und das Zusammenspiel der einzelnen Wirkstoffe | sind bei der Therapie immer von großer Bedeutung, | damit die Anwendung erfolgreich ist. | So ist der schlecht beraten, der meint, | ohne fachkundige Hilfe auskommen zu können. | Die Beschaffung der einzelnen Substanzen mag zwar leichtfallen, | doch kann das Experiment auf diese Weise fehlschlagen, | sodass man sich am Ende mehr schadet als hilft. 200

Tafel: Ayurveda, ayurvedisch

1. ***a)*** *Unterstreiche alle Wortgruppen aus Adjektiv und Verb blau, alle zusammengeschriebenen Verbindungen grün.*
   b) *Begründe die Rechtschreibung der Wortgruppen aus Adjektiv und Verb.*
   c) *Schreibe die unterstrichenen Wortgruppen und Verbindungen in dein Heft.*

2. *Kläre folgende Begriffe: „Kulturen des Ostens", „Körpersaft", „rituelle Gesänge", „Süßholz", „Myrrhe", „Therapie", „Substanz". Schreibe die Begriffe untereinander in dein Heft und notiere daneben deine Erklärung in Stichworten. Nutze ein Lexikon.*

3. ***a)*** *Lies zunächst den ganzen Text und schreibe dann Satz für Satz auswendig in dein Heft ab. Vergleiche deine Abschreibeübung mit der Vorlage und markiere deine Fehler.*
b) *Verbessere zuerst alle Fehler im Bereich der Getrennt- und Zusammenschreibung. Übertrage die Fehlerwörter in richtiger Schreibweise in deine Fehlerkartei und begründe daneben in Stichworten die Rechtschreibung. Verbessere anschließend alle anderen Fehler.*

4. *Vorsicht: Manche Wortverbindungen aus Adjektiv und Verb können unterschiedliche Bedeutungen haben und daher auch verschieden geschrieben werden.*
Formuliere mit dem folgenden Wortmaterial jeweils einen Beispielsatz und entscheide dich für die richtige Schreibweise.
großschreiben – groß schreiben; sichergehen – sicher gehen; geradestehen – gerade stehen; gutschreiben – gut schreiben; feststehen – fest stehen
Beispiel: Der Richter wird den Angeklagten freisprechen.
Ein guter Redner sollte frei sprechen.

5. *Getrennt- oder Zusammenschreibung? Übertrage folgende Verbindungen in richtiger Schreibweise in dein Heft.*
schnell/laufen, krank/schreiben, fern/sehen, auswendig/lernen, lang/weilen, voll/enden, klar/denken, kund/geben, fehl/schlagen, richtig/machen, leid/tun, sauer/sein, sauber/halten, ruhig/bleiben, heim/bringen, bewusstlos/schlagen

6. *Die Behandlung von Krankheiten mithilfe von Pflanzen ist wohl die älteste Form der Medizin. Auch in den Industrieländern gewinnt sie wieder an Bedeutung. Ihr könnt dazu ein Projekt machen:*
Informiert euch über die medizinische Wirkung von Pflanzen (fiebersenkend, entzündungshemmend, ...) und erarbeitet in Gruppen eine Broschüre, in der ihr das Aussehen der jeweiligen Pflanze, ihr Vorkommen, ihre heilenden Eigenschaften und ihre Verwendungsmöglichkeiten vorstellt.
Die Broschüre könnt ihr am besten am PC mithilfe eines Textverarbeitungsprogramms herstellen. Überlegt euch vorher ein geeignetes Format und ein ansprechendes Lay-out.

Vom Tret-U-Boot zum modernen Tauchboot

Der Schriftsteller Jules Verne und seine utopischen Romane sind vielen Menschen bekannt. | 1870 schrieb er seinen Klassiker „20 000 Meilen unter den Meeren“. | Nur die wenigsten wissen, | dass bis dahin mindestens 25 Unterseeboote erfolgreich getaucht und an die Wasseroberfläche zurückgekehrt waren. | Bereits im 15. Jahrhundert erwähnte Leonardo da Vinci in seinen Schriften ein „mysteriöses Schiff“, | mit dem man so lange unter Wasser bleiben könne, „wie es ohne Nahrung möglich“ sei. | Aber er wollte seine Erfindung nicht bekannt machen. | 1620 baute der holländische Physiker van Drebbel ein Unterwasserfahrzeug. | Es gelang ihm dabei sogar irgendwie, die verbrauchte Luft zu erneuern, | denn der englische König Jakob verbrachte in dem Schiff eine ganze Stunde | in einer Tiefe von viereinhalb Metern unter der Themseoberfläche. | Diese ersten Unterseeboote wurden von Männern betrieben, | die eine Art Tretmühle bedienen mussten. | 132

Zu Beginn des 20. Jahrhunderts wollten es die Großmächte nicht mehr darauf ankommen lassen, | dass irgendwo irgendein Erfinder ein fahrtüchtiges Unterseeboot entwickeln würde. | Die U-Boot-Technologie wurde zu einer erstrangigen Forschungsangelegenheit. | Im Zweiten Weltkrieg wurden U-Boote eingesetzt, deren Tauchtiefe zwischen 150 und 300 Metern lag | und die in getauchtem Zustand einen Aktionsradius von 150 Seemeilen und mehr hatten. |
Ein wesentlicher Fortschritt gelang 1955 mit dem Bau der „Nautilus“, | dem ersten atomgetriebenen Unterseeboot der Welt. | Atom-U-Boote tauchen wesentlich tiefer, bis 600 Meter, | und haben einen beträchtlichen Aktionsradius, | nämlich teilweise mehr als 100 000 Seemeilen. 92

Tafel: Jules Verne, Leonardo da Vinci, van Drebbel

1. ***a)*** *Lies den Text genau durch. Präge dir jeweils einen Satz ein und schreibe ihn auswendig in dein Heft.*
b) *Vergleiche deinen Text mit der Vorlage und korrigiere ihn. Notiere die Fehlerwörter in deiner Fehlerkartei.*

2. *Im Text werden Namen von Schriftstellern, Erfindern und Forschern genannt. Informiere dich in einem Lexikon über diese Personen.*

3. *Im Text kommen Wortzusammensetzungen mit „irgend" vor.*
a) *Schlag in einem Wörterverzeichnis das Stichwort „irgend" auf und informiere dich über mögliche Zusammensetzungen mit „irgend" und über deren Schreibweise.*
b) *Schreibe die Wörter mit „irgend" aus dem Text und fünf weitere Wörter mit „irgend" aus dem Wörterbuch in dein Heft.*
c) *Formuliere mit diesen Wörtern Sätze und unterstreiche jeweils die Zusammensetzung mit „irgend".*

4. ***a)*** *Lies den Text noch einmal. Unterstreiche die Fälle der Getrennt- und Zusammenschreibung, bei denen Verbindungen mit einem Verb als zweitem Bestandteil verwendet wurden.*
Beispiel: zurückgekehrt, bekannt …
b) *Schreibe diese Wortgruppen oder Zusammensetzungen in dein Heft.*
c) *Informiere dich im Regelteil eines Wörterbuchs über die Rechtschreibregeln.*

5. *Notiere weitere Beispiele zu diesem Rechtschreibproblem und verwende acht Beispiele in Sätzen für ein Übungsdiktat.*

6. *Vervollständige die folgenden Sätze und schreibe sie in richtiger Schreibweise in dein Heft.*
a) Als der Bankräuber zum Fluchtauto rannte, wurde er (gefangen/nehmen).
b) Bei diesem schönen Wetter können wir noch ein bisschen (spazieren/gehen).
c) Du kannst noch eine Weile (sitzen/bleiben), denn der Zug hat Verspätung.
d) Du solltest (ruhig/bleiben); der Anschlusszug muss warten.
e) Wenn ich warten soll, kann ich (rasend/werden).

7. *Informiert euch im Geschichtsbuch, in Nachschlagewerken, im Internet über U-Boot-Fahrten, über Einsatzmöglichkeiten, Schwierigkeiten und Gefahren. In einer Wandzeitung könntet ihr eure Erkenntnisse allen zugänglich machen.*

Erfahrungen im Praktikum

Das Schülerpraktikum, darüber waren sich alle einig, | hat großen Spaß gemacht. | Plötzlich zählten nicht mehr nur Leistungen in Deutsch, | den Fremdsprachen oder den Naturwissenschaften. | Oft waren organisatorische, kommunikative, | soziale und manuelle Fähigkeiten gefragt. |
Klara war begeistert von ihrem Job in einem großen Friseurgeschäft. | Sie durfte zwar nur Handreichungen erledigen, | aber die vielen Möglichkeiten beim Haarefärben fand sie einfach toll. | Aus dunkelblonden Haaren wurden blitzschnell tiefschwarze oder kastanienrote. | Ein junger Mann verlangte mit tiefernstem Gesicht, | dass ihm eine Glatze geschoren würde. | Er hatte mit Freunden bei einem feuchtfröhlichen Abend eine Wette verloren. | 91

Lars hat in einer Gaststätte gearbeitet. | Nun möchte er gern eine Kochlehre antreten | und schwärmt allen vor, welche Gerichte er kochen wird. | Seine Vorstellungen reichen von Suppen, süßsauer abgeschmeckt, | bis zu Fischgerichten aus tiefrotem Hummer und schneeweißem Steinbutt. |
Katja hat ihr Praktikum bei einer Zeitung absolviert. | Sie durfte manchmal zu Interviewterminen mitgehen | und fand es superschick, in der Öffentlichkeit zu stehen. | Ihr Betreuer hat sie ermuntert, ein paar Fotos zu knipsen. | Zwar handelte es sich zumeist um Schwarz-Weiß-Aufnahmen, | aber einige Farbbilder waren auch dabei. | Ihre Fotografien von Kindern in farbenfrohen Faschingskostümen wurden sehr gelobt. | Jetzt steht es für Katja felsenfest, | sie wird einen Beruf im Zeitungsgewerbe ergreifen. 107

1. ***a)*** *Lies den Text sorgfältig durch, präge dir jeweils einen Satz ein und schreibe ihn aus dem Kopf in dein Heft.*
b) *Vergleiche dein Diktat mit der Vorlage, markiere eventuelle Fehler und schreibe sie in richtiger Schreibweise unter das Diktat.*
c) *Notiere die Wörter, die dir besondere Schwierigkeiten machen, in deiner Fehlerkartei. Schreibe zu jedem Wort zwei Ableitungen oder Zusammensetzungen auf.*

2. *Im Text ist von „organisatorischen, kommunikativen, sozialen und manuellen Fähigkeiten" die Rede.*
a) *Schlag die Begriffe in einem Wörterbuch nach und informiere dich über deren Bedeutung.*

b) *Überlege, auf welchem Gebiet deine besonderen Fähigkeiten liegen. Schreibe dazu einen kurzen Text, in dem du an einem Beispiel deine Talente erläuterst.*

3. ***a)*** *Unterstreiche in deinem Arbeitsblatt alle Zusammensetzungen aus Adjektiv + Adjektiv und Nomen + Adjektiv.*
b) *Schreibe diese Wörter in dein Arbeitsheft.*
c) *Überlege, welche Ausdrucksmöglichkeiten die Verwendung solcher Zusammensetzungen bietet.*
d) *Erkläre einige der Wörter durch jeweils ein oder zwei Sätze.*
Beispiel: Durch das Wort „dunkelblond" wird die Haarfarbe „blond" genauer beschrieben. Das Wort ermöglicht eine exaktere Vorstellung vom Aussehen.
e) *Verwende einige der erklärten Wörter in Sätzen und stelle damit ein Übungsdiktat zusammen.*

4. ***a)*** *Markiere die aus Adjektiv + Adjektiv zusammengesetzten Wörter mit einem gelben, die Zusammensetzungen aus Nomen + Adjektiv mit einem grünen Leuchtstift.*
b) *Notiere weitere Beispielwörter. Denke dabei an Farbzusammensetzungen oder an Begriffe, die das Wetter betreffen.*
Beispiel: bitterkalt, hellgelb, …
eiskalt, himmelblau, …

5. *Bilde aus folgenden Nomen und Adjektiven Zusammensetzungen und schreibe sie in dein Heft.*
a) Rabe, Felsen, Winter, Kohl(e), Zentner, Butter, Riese, Haus, Himmel, Regen, Kirsche, Meter, Schnee, Quitte, Messer, Dotter, Schnur
b) weich, weiß, schwarz, fest, hoch, hart, gerade, groß, rot, gelb, scharf, schwer, weit

6. ***a)*** *Schreibe mit fünf bis acht der Zusammensetzungen von Aufgabe 5 einen kurzen Text, zum Beispiel über eine Wetterbeobachtung, ein Naturerlebnis, eine andere Begebenheit.*
b) *Diktiere diesen Text deinem Lernpartner/deiner Lernpartnerin als Übungsdiktat. Korrigiert anschließend eure Übungen gemeinsam.*

Grüner Tee macht fit

Grüner Tee stammt vom gleichen Teestrauch wie schwarzer Tee. | Aber die Blätter des grünen Tees sind unfermentiert. | Sie werden entweder im Wasserdampf behandelt | oder in flachen gusseisernen Pfannen erhitzt. | Dadurch behalten die Blätter ihre olivgrüne Farbe. | Anschließend werden sie zusammengerollt und gut getrocknet. | Die wohltuende Wirkung des Tees beruht darauf, | dass das Koffein nicht blitzartig wirkt wie beim Kaffee, | sondern langsam über Gehirn und Zentralnervensystem. | So kann Tee lange munter halten, ohne aufzuregen. | Im Gegensatz zum Schwarztee hat Grüntee noch viele andere Wirkstoffe, | zum Beispiel Vitamine, Kalium, Magnesium, | Fluor und das Spurenelement Mangan. | 93

An nasskalten Novembertagen | oder spätabends, an einem bitterkalten Wintertag, | wenn es draußen stürmt und schneit, | kann eine Tasse frisch aufgebrühter Tee je nach Ziehzeit | belebend oder beruhigend wirken: | Nach dreiminütiger Ziehzeit hat sich das Koffein nahezu vollständig gelöst, | nach fünf Minuten lösen sich die herb schmeckenden Gerbstoffe. | Tee, der zu lange gezogen hat, | schmeckt daher bitter und sieht dunkelbraun oder graugrün aus. | Mit schneeweißem Kandiszucker in einer dünnwandigen Porzellantasse | oder einem hitzebeständigen Teeglas gereicht, | verschönt Tee den Abend. 78

Tafel: unfermentiert, Fluor

1. ***a)*** *Arbeite mit einem Lernpartner/einer Lernpartnerin. Lest den Text zunächst aufmerksam durch und diktiert ihn euch anschließend gegenseitig je zur Hälfte.*
b) *Tauscht die Diktate aus und korrigiert sie anhand der Vorlage.*
c) *Notiert schwierige und falsch geschriebene Wörter in eurer Fehlerkartei. Bildet mit diesen Problemwörtern je zwei Ableitungen oder Zusammensetzungen.*

2. ***a)*** *Unterstreiche in der Textvorlage alle zusammengesetzten Adjektive und Adverbien und nenne die Wortart des Bestimmungsworts.*
Beispiel: olivgrün – Olive: Nomen
blitzartig – …

b) *Bilde Zusammensetzungen oder Wortgruppen. Beachte bei der Rechtschreibung die jeweiligen Regeln; schlage bei Unsicherheit im Regelteil deines Wörterbuchs nach.*

- süß/sauer, bitter/böse, dick/flüssig, stock/finster, lau/warm, bitter/süß, dunkel/blau, dünn/häutig, zart/grün, dick/fellig, weißlich/gelb
- blass/blau, winzig/klein, bläulich/grün, blond/gelockt, hell/blond, frisch/fröhlich, frisch/gebacken, früh/morgens, froh/gelaunt

c) *Bilde nun mit jedem Wort, jeder Wortgruppe einen Beispielsatz und diktiere anschließend die Sätze deinem Lernpartner/deiner Lernpartnerin.*

3. *Adjektive und Adverbien erfüllen für das Verständnis eines Textes eine wichtige Funktion. Sie erhöhen wesentlich die Anschaulichkeit und die Genauigkeit einer Aussage. Manches wird ohne sie unverständlich.*
Mache die Probe, indem du aus der Textvorlage erst alle Adjektive, dann alle Adverbien herausstreichst. Lies den restlichen Text laut vor.

4. *Ein Gärtner beschreibt eine Blumenrabatte in einem Park, ein Maler den Anstrich einer denkmalgeschützten Fassade, die Einkäuferin eines Modesalons die neuen Stoffmuster ... Sie alle kommen ohne Adjektive nicht aus.*
Versetze dich in eine der genannten Personen und schreibe aus ihrer Perspektive einen Brief, in dem er/sie einen Einblick in seine/ihre tägliche Arbeit vermittelt.

5. *Informiert euch mithilfe von Broschüren und Fachbüchern zum Thema „Tee“ über die wesentlichen Unterschiede zwischen Schwarz- und Grüntee und berichtet.*

Geschöpfe des Meeres

Furcht erregend/Furchterregend sieht er aus mit seinem riesigen Kopf, | den unansehnlichen Hautwucherungen | und den Unheil verkündenden/unheilverkündenden Stacheln, | die aus seiner Rückenflosse herausragen: der Seeteufel. | Der bis zu zwei Meter lang und vierzig Kilo schwer werdende Fisch | lebt in den wenig erforschten Tiefen des Nordatlantiks | und in den Küstenregionen des Mittelmeers. | Er gehört zur Familie der Anglerfische, | denn zum Anlocken seiner Beute benutzt er einen Stachelstrahl, | der am Kopf vor seinem gewaltig großen Maul sitzt. | Gut getarnt und regungslos am Meeresboden liegend, | bewegt der Seeteufel den Stachel wie einen Köder hin und her | und lockt so die bodennah lebenden Fische an. | Hat ein Fisch angebissen, öffnet er sein Maul, | wobei ein solcher Sog entsteht, | dass seine Beute blitzschnell darin verschwindet. | 119

Der farbenprächtige und bunt schillernde Papageienfisch | hat hingegen allein durch sein exotisches Aussehen | die Herzen der Fischliebhaber erobert. | Er ist in doppelter Hinsicht äußerst anpassungsfähig. | Er lebt im Indischen Ozean an bunten Korallenriffen | und passt sich zur Tarnung seiner jeweiligen Umgebung farblich an: | dunkelrot, hellblau, sandfarben oder zartrosa gepunktet. | Die überwiegend rot gefärbten Weibchen | schwimmen meist in Gruppen um ein Männchen, | zu dem sie selbst auch einmal werden. | Denn alle Papageienfische durchlaufen in ihrem Leben eine Geschlechtsumwandlung: | Als Weibchen geboren, verwandeln sie sich später in Männchen. 86

Mountainbiker erobern sich die Bergwelt

Vor allem im Herbst zieht es viele Menschen in die Berge. | Die einen wollen irgendwo spazieren gehen, | die anderen Rad fahren, | wieder andere in die baumlose Zone hinaufklettern | und sogar den einen oder anderen Gipfel erklimmen, | soweit sie dazu imstande/im Stande sind. | Um sich Ärger zu ersparen und die Natur zu schonen, | sollte man sich erkundigen, welche Wege zum Radfahren freigegeben sind. | Viel begangene Wege, die eher von Urlaubern benutzt werden, | welche zu Fuß unterwegs sind, | sollte man nach Möglichkeit zugunsten/zu Gunsten der Wanderer meiden. | 84

Bei regelmäßigem Training kann jedermann einen nicht allzu steilen Bergrücken hinaufradeln, | wenn er ein gutes Mountainbike mit mehreren Gängen hat. | Diejenigen, deren Muskeln wenig trainiert sind, | haben es da schon ein bisschen schwerer, | falls sie nicht mit butterweichen Knien auf halbem Weg festsitzen wollen. | Da heißt es langsam einsteigen und täglich die Leistung etwas erhöhen. | Ob durchtrainiert oder nicht, | immer sollte für alle Fälle regenfeste Kleidung mitgenommen | und eine Flasche Wasser bereitgehalten werden. | Und wenn man sich trotz aller Vorsicht nicht wohl fühlt, | dann sollte man nicht auf dem Sattel sitzen bleiben, | sondern absteigen und eine größere Pause einlegen, | viel trinken und lieber ohne Gipfelerlebnis ins Tal zurückkehren. | Am nächsten Tag kann man die Tour ausgeruht erneut versuchen. 119

Schülerpraktikum

An vielen Schulen ist es üblich, | für Schülerinnen und Schüler der neunten oder zehnten Klassen | ein Berufspraktikum zu organisieren. | Das Ziel dieses Unternehmens besteht darin, | die theoretische Ausbildung mit der Praxis zu verbinden. | Die Vorbereitung des Praktikums schafft eine Situation, | die viele zum Nachdenken über ihre beruflichen Interessen veranlasst. | Viele der Fünfzehn- und Sechzehnjährigen haben nicht einmal eine Idee davon, | was sie später konkret machen möchten. | 66

Nun müssen sie sich selbst einen Handwerksbetrieb, | ein Konstruktionsbüro, eine Arztpraxis | oder eine andere Einrichtung suchen, | mit den Chefs Kontakt aufnehmen und Absprachen treffen. | Den Termin für das Praktikum gibt natürlich die Schule vor. | Fragen der Versicherung und der Haftpflicht sind durch Gesetze geregelt. | Jeder Schüler und jede Schülerin bekommt für die Praktikumseinrichtung ein Schreiben, | in dem die notwendigen Informationen über den Arbeitseinsatz stehen. | Auch die Paragraphen für den Rechtsschutz werden genannt. | 72

Den meisten Schülerinnen und Schülern macht dieser Einsatz Spaß. | Sie bekommen einen Einblick in den Berufsalltag | und können feststellen, auf welchem Gebiet ihre Talente liegen. | Mancher zeigt sich als Kommunikations- oder Organisationsexperte und erringt Erfolge, | die ihm in der Schule in Mathematik, Physik oder anderen Fächern versagt bleiben. 48

1. a) *Bildet Arbeitsgruppen (je drei Schüler/innen) und diktiert euch der Reihe nach jeweils einen Absatz der Textvorlage und korrigiert die Diktate gemeinsam.*
b) *Markiert Fehler- und Problemwörter und notiert sie in richtiger Schreibweise in eurer Fehlerkartei.*

2. a) *Schreibe aus dem Text alle Fremdwörter in Form einer Liste in dein Heft und lasse nach jedem Wort eine Zeile frei.*
b) *Bilde zu jedem Wort vier Ableitungen und/oder Komposita.*
Beispiel: Praktikum – praktisch, praktizieren, Praktiker, Praktikant, Praktikumsort, Praktikumsplatz, Praktikumszeugnis

3. *Bei einigen Fremdwörtern treten Suffixe auf: „-tion", „-ant", „-ik", „-ieren", „-ell". Lege zu diesen Suffixen einen Tabellenkopf an.*
a) *Trage die Wörter aus dem Text in die entsprechenden Spalten ein.*
b) *Ergänze die Spalten durch je zwei eigene Beispiele.*
c) *Informiere dich im Anhang eines Wörterbuchs über die Pluralbildung von „Praktikum" und „Praxis".*

4. **a)** *Schreibe mit 20 Wörtern aus Aufgabe 2 b) und aus der Tabelle von Aufgabe 3 ein eigenes Diktat. Verwende dabei nur solche Fremdwörter, die du sicher schreiben kannst und deren Bedeutung du genau kennst.*
b) *Verwendet eure Diktate als Partnerübungen. Korrigiert die Übungen gegenseitig.*

5. **a)** *Schreibe die Fremdwörter vollständig und richtig ab. Informiere dich in einem Wörterbuch, wenn du einzelne Wörter nicht kennst.*
- inform–?–ren, interpret–?–ren, aktualis–?–ren, telefon–?–ren, mechanis–?–ren
- Hekt–?–, Mechan–?–, Opt–?–, Akust–?–, Akrobat–?–, Mim–?–
- Na–?–, Forma–?–, Frak–?–, Sensa–?–, Isola–?–
- inform–?–, maschin–?–, manu–?–, aktu–?–, person–?–, ide–?–
- Inform–?–, Repräsent–?–, Ministr–?–, Sympathis–?–

b) *Ergänze mit diesen Fremdwörtern die Tabelle von Aufgabe 3.*
c) *Verwende aus jeder Gruppe zwei Wörter in Sätzen und schreibe diese in dein Heft. Kontrolliere die Rechtschreibung.*

6. *Schreibe über das Schülerpraktikum einen Artikel für die Schülerzeitung oder eine Regionalzeitung.*
Kontrolliert gemeinsam die Rechtschreibung.

7. *Welche Berufe wollt ihr später ergreifen? Welche Anforderungen werden im jeweiligen Beruf gestellt, welche Eigenschaften und Fertigkeiten werden verlangt? Tragt eure Berufswünsche zusammen und erstellt auf einem Plakat eine Klassenstatistik mit Berufsbildern und Fotos.*

Faszination Wasserfälle

Wasserfälle gibt es auf allen Kontinenten. | Ohne Zweifel fallen uns, wenn wir über Wasserfälle sprechen, | zuerst die berühmten Niagarafälle in Nordamerika ein, | aber das sind weder die höchsten noch die breitesten | oder gar die wasserreichsten Fälle. | Sie sind neben New York eine sehr imposante Touristenattraktion im Nordosten der Vereinigten Staaten | und kaum eine Reisegruppe hat sie nicht in ihrem Programm. |
Die höchsten Wasserfälle der Erde befinden sich in Venezuela. | Es sind die Angelfalls, | deren Wasser fast tausend Meter in einem Cañon in die Tiefe stürzt. | Ausgedehnter und wasserreicher sind die Iguaçufälle im südlichen Brasilien an der Grenze zu Argentinien. | Mit gewaltigem Getöse stürzen 1750 Kubikmeter Wasser in der Sekunde | 65 bis 70 Meter in die Tiefe. | Die Klippen sind mehrere Kilometer lang. | Dagegen wirkt der Rheinfall bei Schaffhausen mit einer Fallhöhe zwischen 15 und 20 Metern geradezu winzig. |
Ein Wasserfall – das ist der senkrechte Absturz des Wassers über eine Stufe im Flussbett. | Diese Stufe kann auf sehr unterschiedliche Weise entstanden sein, | zum Beispiel durch eine Verwerfung oder durch glaziale Vorgänge. | Oftmals wurden unterhalb der Wasserfälle Elektrizitätswerke errichtet. | Die gewaltigen Wassermassen treiben dann Turbinen an und erzeugen preiswerte Energie. 189

Tafel: Niagarafälle, Angelfalls, Cañon, Iguaçufälle, Schaffhausen

1. ***a)*** *Lies den Text ganz durch, markiere dabei alle geografischen Eigennamen und schlag sie im Atlas nach. Verwende dafür die Karte von Nordamerika, von Brasilien und Argentinien und von Deutschland.*
   b) *Unterstreiche in einem zweiten Durchgang alle Fachbegriffe aus der Geografie. Kannst du erklären, was eine „Verwerfung" ist und was man unter „glazial" versteht? Schlag in einem Lexikon nach.*

2. *Schreibe alle Fremdwörter aus dem Text untereinander in dein Heft und bilde zu jedem Wort zwei Ableitungen und/oder zwei Zusammensetzungen.*
   Beispiel: Kontinent – kontinental; Kontinentalplatte, -sperre

3. Lies den Text nun Satz für Satz und schreibe ihn satzweise aus dem Gedächtnis auf. Vergleiche deine Abschreibeübung mit der Vorlage, markiere eventuelle Fehler und übertrage sie in richtiger Schreibweise in deine Fehlerkartei.

4. Verwende das Wortmaterial von Übung 2 für ein Übungsdiktat, das du deinem Lernpartner / deiner Lernpartnerin diktierst.

*5. **a)** Schreibe die folgenden Fremdwörter untereinander in dein Heft und notiere daneben die deutsche Entsprechung. Verwende dazu ein Lexikon.*
Visum, Jeep, Agentur, Kabine, Passagiere, Restaurant, Kathedrale, Expedition, Romantik, Katarakt, Kategorie, Devisen, Tradition, Plantagen, Zivilisation, Quartier
***b)** Verwende acht Fremdwörter in ganzen Sätzen und schreibe sie in dein Heft.*

*6. **a)** Verfasse ein Übungsdiktat zum Thema Urlaub, verwende dazu einige Fremdwörter aus Übung 5.*
***b)** Diktiert euch die Texte als Partnerübung und korrigiert sie gemeinsam.*

*7. **a)** Wo befinden sich die folgenden Wasserkraftwerke? Schlag die Standorte in einem Atlas nach.*
Itaipu, Irkutsk, Assuan, Bratsk, Cabora Bassa, Hoover Dam, Wolga
***b)** Welche Vor- und Nachteile hat der Bau von Wasserkraftwerken? Informiere dich in einem Lexikon, frage deinen Geografielehrer / deine Geografielehrerin.*

Tabelle per Mausklick

Liveübertragungen von Spielen, | Abrufmöglichkeit der neuesten Spielergebnisse, | Punktestand und Spielplan, | das alles und noch mehr bieten die Homepages der Erstligisten, | die mittlerweile alle online vertreten sind. | Im Internet stellen sich die Vereine mit ihren verschiedenen Disziplinen vor, | zum Beispiel Badminton, Volleyball, | Hockey, Leichtathletik. | Einige Vereine haben sogar eine eigene Homepage für ihre Junioren geschaffen. | Auf der Einstiegsseite erfahren die Cybergäste alles Wissenswerte über die Juniorenteams | und können sich über die Möglichkeiten eines Probetrainings informieren. | 74

Zum Beginn der Spielsaison werden die Trainer vorgestellt, | die Änderungen der Trainingszeiten | und die Neuorganisation der Hallenbelegung bekannt gegeben. | Die Ergebnisse der nationalen und internationalen Wettkämpfe | sowie die Liste über die Rekorde werden ständig aktualisiert. | Fotos in Briefmarkengröße, | die man durch Anklicken vergrößern kann, | zeigen die Vereinsbesten, | die Auszeichnung der Sieger mit Medaillen, | den Teamchef mit stolz erhobener Trophäe, | den Champion im Blitzlicht der Reporter. 65

1. ***a)*** *Diktiert euch den Text je zur Hälfte und korrigiert anschließend die Diktate gemeinsam.*
b) *Notiert die Fehlerwörter unter den Diktaten und begründet die richtige Schreibweise. Nehmt dazu den Regelteil eines Wörterbuchs zu Hilfe. Fügt zu jedem Fehlerwort zwei weitere Beispiele mit dem gleichen Rechtschreibphänomen hinzu.*

2. *Markiere in der Textvorlage die Fremdwörter, zeige die mögliche Silbentrennung durch senkrechte Striche an und überprüfe sie mithilfe eines Wörterbuchs.*
Beispiel: Ta|bel|le, Maus|klick, ...

3. *Champion, Journalist, Cybergäste, ... die Aussprache gibt meist Auskunft über die Herkunft des Fremdwortes.*
Überprüfe die richtige Aussprache der Fremdwörter mithilfe eines Lexikons und kläre die Herkunft des jeweiligen Wortes.

4. *Schreibe den folgenden Text in dein Heft und setze dabei die Fremdwörter aus der Wörterliste richtig ein.*
Wörterliste: Mikrophon – Link – kommentieren – Sportfan – Stadionsprecherin – Journalisten – diversen
Ein –?– führt zu den Sponsoren, ein anderer zu –?– Projekten. Anhand eines Stadtplans erfährt der –?–, wie er die Sport- und Spielstätten erreicht. Manche Vereine zeigen auch diejenigen, ohne die kein Spiel möglich wäre: die ehrenamtliche –?– zum Beispiel, die bei der Siegerehrung über –?– die mit Stoppuhr gemessene Zeit bekannt gibt, die –?– in extra Kabinen die Wettkämpfe –?–.

5. *Bilde zu den folgenden Fremdwörtern das jeweilige Verb und formuliere damit einen Beispielsatz.*
Konzentration – speziell – Attacke – Ration – Organisation – Maximum – Karikatur – Relation – Debütant/in – Argument
Diktiere die Sätze deinem Lernpartner/deiner Lernpartnerin.

6. *Informiert euch im Internet über einen Sportverein in eurer näheren Umgebung. Ergänzt eure Ergebnisse, die ihr im Internet gewonnen habt, durch einen Besuch „vor Ort". Überlegt euch gezielte Fragen, die ihr den verantwortlichen Funktionären stellen wollt.*
Eure gesammelten Informationen könnt ihr zum Beispiel in einer Reportage für die Schülerzeitung zusammenfassen.

Kaugummi ist besser als sein Ruf

Kaugummikauen wurde nach dem Krieg durch die Amerikaner in Deutschland populär gemacht. | Lange Zeit galt es allerdings eher als ein Zeichen schlechter Manieren denn als Mittel zum Stressabbau. | Dabei wird schon den Kaubewegungen ein positiver Effekt nachgesagt. | Sie vermindern die Anspannung der Muskulatur, | entspannen und fördern die Konzentration. | Kaugummikauen regt die Speichelproduktion an und neutralisiert gefährliche Säuren. | Diese entstehen nach dem Essen vor allem zuckerhaltiger Speisen | und können den Zahnschmelz angreifen. | Spezielle Zahnpflegekaugummis enthalten zusätzlich einen Zuckeraustauschstoff, | der die Neubildung von Zahnbelag hemmt. | Apotheker und Zahnärzte empfehlen daher, | nach den Mahlzeiten einen Kaugummi zu kauen, | vor allem, wenn keine Möglichkeit zum Zähneputzen besteht. | 103

Kaugummi kann aber sogar helfen, | der Zigarette auf Dauer zu entsagen. | Nikotinkaugummis führen dem Körper dosiert Nikotin zu | und mildern so körperliche Entzugserscheinungen. | Die Medikamentenkaugummis, die es rezeptfrei in der Apotheke gibt, | werden über einen Zeitraum von sechs bis acht Wochen genommen. | Die Dosis wird dabei allmählich reduziert. | Fazit: Kaugummikauen ist ein rundum gesunder Spaß. 55

Nach: Gesundheit 12/1998

1. ***a)*** *Lies den Text aufmerksam und markiere dabei alle Fremdwörter mit einem Leuchtstift.*

b) *Schlage sämtliche Fremdwörter in einem Lexikon nach und notiere jeweils Bedeutung und Herkunft.*

Beispiel: populär – volkstümlich, beliebt; aus dem Lateinischen

c) *Bilde eine Ableitung oder eine Zusammensetzung mit diesem Fremdwort und formuliere damit einen Beispielsatz.*

Beispiel: populärwissenschaftlich
Ich lese gern populärwissenschaftliche Bücher zum Themenbereich Astronomie.

In einem Herkunftswörterbuch kannst du das Stammwort nachschlagen und erfahren, wie und wann das Wort in die deutsche Sprache aufgenommen wurde.

2. ***a)*** *Bildet nun Gruppen von vier oder fünf Schülerinnen und Schülern und hängt jeweils eine Textvorlage als „Laufdiktat“ an der Wand eures Klassenzimmers aus.*
b) *Lest jeweils einen Satz, prägt ihn euch gut ein, geht an euren Platz und schreibt ihn auf. Zur Kontrolle geht ihr jeweils zum Aushang zurück.*

3. ***a)*** *Kontrolliert eure „Laufdiktate“ gemeinsam in eurer Arbeitsgruppe und markiert nach Vergleichen mit dem Original eventuelle Fehler.*
b) *Notiert dann eure Fehlerwörter in eurer Fehlerkartei und schreibt zwei weitere Wörter mit dem gleichen Rechtschreibphänomen dazu.*

4. *Erstellt ein medizinisches Wörterbuch für den Hausgebrauch mithilfe eines Textverarbeitungsprogramms. Ihr notiert nach dem Brainstormingverfahren euch bekannte Fremdwörter aus dem Bereich der Medizin als Schlagwörter und erklärt deren Bedeutung, indem ihr sie in je einem Beispielsatz verwendet.*
- Pharmazie: Wer Apotheker oder Apothekerin werden will, muss Pharmazie studieren.
- medikamentös: Schwere Grippe kann nicht mit Hausmitteln bekämpft, sondern muss medikamentös behandelt werden.
- Patient: Unser Hausarzt besucht seine bettlägerigen Patienten auch zu Hause.

Anschließend könnt ihr mit der Funktion „Text sortieren“ die Absätze alphabetisch ordnen und durch Schriftart und Einzüge ansprechend und übersichtlich gestalten.

Neue Ausbildungsberufe

Kaufmann im Gesundheitswesen, | Veranstaltungskaufmann und Sport- und Fitnesskaufmann: | Gemeinsam ist diesen drei neuen Ausbildungsberufen | die kaufmännische Grundbildung, | die rund die Hälfte der jeweils dreijährigen Ausbildungszeit in Anspruch nimmt. | Danach findet je nach Berufsziel eine Spezialisierung statt. | Den Fachgebieten entsprechend erfolgt dann der spätere Einsatz: | Der Kaufmann im Gesundheitswesen soll nach der Ausbildung | in Krankenhäusern, Pflegeheimen oder Krankenkassen Dienstleistungsangebote mitentwickeln, | der Veranstaltungskaufmann koordiniert und vermarktet Veranstaltungen | für Konzertagenturen oder Messegesellschaften(,) | und der Sport- und Fitnesskaufmann berät Mitglieder und Kunden | von Verbänden, Vereinen sowie Betrieben der Fitnesswirtschaft | über Sport- und Bewegungsangebote. | 91

Neben der Entwicklung der drei neuen Ausbildungsberufe wurden acht bestehende Berufsbilder modifiziert | und an aktuelle Gegebenheiten am Arbeitsmarkt angepasst. | Unter ihnen sind beispielsweise der Berufskraftfahrer, | der Chemikant oder der zahnmedizinische Fachangestellte. | In den vergangenen Jahren wurden 114 Berufsbilder modernisiert | und 39 komplett neu geschaffen. 44

Schulbank 8/2001 (verändert)

1. ***a)*** *Lass dir von deinem Lernpartner/deiner Lernpartnerin den Text diktieren und korrigiere ihn anhand der Vorlage.*
b) *Notiere die falsch geschriebenen Wörter in deiner Fehlerkartei und begründe die Rechtschreibung. Schlage gegebenenfalls im Regelteil deines Wörterbuchs nach.*

2. *Markiere die Fremdwörter in deinem Diktat mit einem Leuchtstift, schreibe sie in dein Heft und bilde zu jedem Fremdwort Ableitungen oder Zusammensetzungen.*
Beispiel: Fitness – Fitnesscenter, Fitnesstraining
Nutze auch hier ein Wörterbuch, wenn du unsicher bist in der Rechtschreibung.

3. *Bilde Sätze mit folgenden Wortgruppen. Schlag vorher die Fremdwörter, die dir unbekannt sind, in einem Lexikon nach.*
   - Ideen mit leistungsstarker Informationstechnologie realisieren
   - kundenorientierte Angebote entwickeln
   - auf der Basis modernster Diagnosesysteme Angebote erstellen
   - tabellarischen Lebenslauf beifügen
   - Assistenz der Geschäftsleitung und Sekretariatsaufgaben
   - qualifizierte Ausbildung und gute Sozialleistungen bieten
   - über Leistungsspektrum und Produktpalette informieren
   - mathematisches Verständnis und logisches Denkvermögen
   - Kommunikationsfähigkeit

4. *Bildet Gruppen und sammelt branchentypische Fremdwörter. Erklärt sie mithilfe eines Lexikons und macht sie der ganzen Klasse zugänglich, indem ihr jedes Fremdwort auf einen Zettel schreibt und als Los in der Klasse ziehen lasst. Derjenige, der das Los gezogen hat, verwendet das Wort in einem Beispielsatz oder versucht es zu erklären.*

5. *Informiert euch mithilfe des Internets oder anhand von Broschüren, die ihr bei den Arbeitsämtern bekommen könnt, über Berufsbilder von Berufen, die ihr vielleicht selbst ergreifen wollt. Stellt zusammen, was euch an dem Beruf gefällt, welche Qualifikationen vorausgesetzt werden, welche Stärken ihr dafür mitbringt, aber auch, was euch nicht gefällt und wo ihr Nachteile seht.*
   Ihr könnt eure Ergebnisse – mit Fotos von einem entsprechenden Arbeitsplatz, Adressen von Ansprechpartnern – per Computer präsentieren, zum Beispiel an einem Berufsinformationstag.

Über die Nutzung von Solarenergie

Im Alltag, zum Beispiel in den Massenmedien, | wird oft über das Für und Wider von Kernenergie debattiert. | In solchen Diskussionen wird zumeist der Einsatz alternativer Energien, | wie der Windkraft, der Geothermalwärme oder der Solarenergie, gefordert. |
Dass Solarenergie heutzutage eine zunehmende Bedeutung als Wärmelieferant im Haus hat, | ist den meisten bekannt. | Viele Bauherren nutzen staatliche Fördermittel, | um ihr Haus mit Sonnenkollektoren auszustatten | und so beachtliche Energiekosten zu sparen. | Aber Entwicklung und Umgang mit Solarenergie | machen nicht Halt bei der Heizung von Immobilien. |
In der Autobranche werden solare Schiebedächer für PKW angeboten. | Ein solches Schiebedach sorgt, wenn es die Außentemperaturen verlangen, | vor Inbetriebnahme des Fahrzeugs für eine ausreichende Kühlung des Fahrgastraums | und für die Aufladung der Fahrzeugbatterien. 115

1. ***a)*** *Lies den Text aufmerksam durch und markiere die Fremdwörter. Lass dir die Fremdwörter von deinem Lernpartner/deiner Lernpartnerin diktieren. Korrigiert die Wortdiktate gegenseitig.*
b) *Präge dir jeweils fünf Wörter ein und schreibe sie untereinander in dein Heft. Notiere neben jedem Fremdwort die deutsche Entsprechung. Nutze im Zweifelsfall ein Wörterbuch.*
c) *Lass dir nun den ganzen Text diktieren und korrigiere dein Diktat anhand der Vorlage. Trage Problem- und Fehlerwörter in deine Fehlerkartei ein und notiere daneben je zwei Beispiele mit dem gleichen Rechtschreibproblem.*
Beispiel: Geothermalwärme – Thermalbad, Thermometer

2. ***a)*** *Lies den folgenden Text genau durch und überlege, worum es darin geht. Sieh dir anschließend die Wortliste am Textende an und setze die passenden Begriffe in die Lücken ein.*
–?– nicht mehr neu sind –?–versorgte Parkscheinautomaten. Viele –?– haben inzwischen solche –?– in Betrieb genommen. Auch beim Betreiben von Baustellenbaken, Strecken–?– oder Stausensoren kommen solarbetriebene Anlagen zum Einsatz. Für die Nutzung dieser –?– spricht auch ein attraktives Preis-Leistungs-Verhältnis. Bundesforschungs–?– und Forschungs–?– sind sich einig: Forschungs- und Ent-

wicklungsprojekte für Kleingeräte und Anlagen auf der –?– von Solarenergie müssen –?– gefördert werden.
Alphabetisch geordnete Lückenwörter:
Absolut, Basis, definitiv, Energie, Institute, Kommunen, Ministerium, solar, Systeme, Telefonen
b) *Schreibe Satz für Satz auf je einen Papierstreifen. Dein Lernpartner/deine Lernpartnerin korrigiert die Sätze und gibt die Streifen in eine Dose.*
c) *Setze die Papierstreifen wieder zu einem sinnvollen Text zusammen. Lies den ganzen Text durch, präge dir jeweils den Text eines Streifens ein und lege ihn umgedreht zur Seite.*
Schreibe nun den Satz in dein Heft. Decke zur Kontrolle alle Streifen wieder auf und vergleiche.

3. ***a)*** *Notiere dir während zwei oder drei Unterrichtsstunden in den Fächern Physik, Chemie, Mathematik oder Deutsch, Geschichte, Geografie die Fremdwörter, die in der Stunde vorkommen.*
Kläre, wenn nötig, deren Bedeutung mithilfe eines Wörterbuchs, schreibe die Fremdwörter und ihre deutsche Bedeutung in dein Heft.
b) *Schreibe mit diesen Wörtern einen Übungstext, den du deinem Lernpartner/deiner Lernpartnerin diktierst. Korrigiert anschließend eure Texte gemeinsam.*

4. ***a)*** *Arbeite mit den Fremdwörtern aus dem Diktat, dem Lückentext und aus Übung 3 weiter. Verwende zehn Wörter, die dir Schwierigkeiten bereitet haben, in ganzen Sätzen.*
b) *Bilde mit dem Wortmaterial Ableitungen und Komposita.*

5. *Erkundige dich über alternative Energien in deinem Physikbuch, im Internet, mithilfe von entsprechenden Zeitungsberichten.*
Informiere dich anschließend über den Einsatz von Solarenergie und anderen alternativen Energien in deinem Wohnort, indem du zum Beispiel den Energielieferanten vor Ort oder einen Kommunalpolitiker befragst.
Berichte über deine Erkundungen in einem Zeitungsbericht.

Nie mehr Kabelsalat

Bluetooth heißt das Zauberwort, | das grenzenlose Mobilität ohne Verkabelungen und Stecker ermöglichen soll | durch drahtlose Datenübermittlung zwischen digitalen Endgeräten. | Monitor, Maus, Drucker, Scanner, | Modem, mobile und stationäre Peripheriegeräte | können im Umkreis von etwa zehn Metern per Funk | ohne ein Gewirr von Kabeln miteinander verbunden werden. | Dies eröffnet ungeahnte Möglichkeiten | im Bereich der elektronischen Kommunikation, | die viel gepriesene Benutzerfreundlichkeit in der Computerwelt | könnte tatsächlich Wirklichkeit werden. | Geräte können per Bluetooth | mit einer Geschwindigkeit von etwa einem Megabit pro Sekunde | miteinander kommunizieren, | was der fünfzehnfachen ISDN-Geschwindigkeit entspricht. |
Bluetooth kommt aus dem Norden: | Die Firma dieser Kurzstreckentechnologie sitzt in Schweden, | Namenspate war Harald Blauzahn, ein dänischer König, | der im Mittelalter ein einheitliches Königreich geschaffen hat. 112

Tafel: Bluetooth

1. ***a)*** *Lies den Text aufmerksam und schreibe ihn dann satzweise in dein Heft ab. Achte vor allem auf die Rechtschreibung der Fremdwörter.*
   b) *Tausche zur Kontrolle dein Diktat mit dem deines Lernpartners / deiner Lernpartnerin aus und korrigiere anhand der Textvorlage. Schreibe die Fehlerwörter in richtiger Schreibweise unter das Diktat.*

2. *Schreibe alle Fremdwörter in Form einer Liste heraus und notiere daneben die deutsche Entsprechung. Soweit dies nicht mit einem einzigen Wort möglich ist, formulierst du eine kurze Erklärung, ähnlich einem Lexikonartikel.*

3. *Notiert weitere Begriffe aus dem Bereich der elektronischen Kommunikation und erklärt sie, indem ihr je einen Beispielsatz bildet:*
   Soft- und Hardware, Tastatur, serieller Anschluss, digitalisieren, kompatibel, Gigahertz (GHz), Gigabyte (GB), Megabyte (MB), programmieren, Datentransfers, importieren, Laserdrucker, Kontrollfeld, Systemordner, ...

4. *Eine Reihe von Begriffen gibt es längst in anderer Bedeutung, zum Beispiel versteht man unter „importieren" im kaufmännischen Bereich „Waren aus dem Ausland einführen". Seht die in Aufgabe 3 gesammelten Begriffe auf solche Mehrfachverwendungen hin durch und tragt diese Bedeutungen zusätzlich in die Fremdwortliste ein.*

5. *Fremdworttypische Endungen sind unter anderem:*
-(t)ion, -tor, -enz, -ik, -em, -en, -ant, -ent, -al, -il, -ell, -bel, -ieren
Übertragt die genannten Endungen in einen Tabellenkopf und ordnet folgende Begriffe richtig zu:
stabil, speziell, Phänomen, kombinieren, Station, Operator, Optik, Praktikant, permanent, portabel, kommunal, Frequenz
Ergänzt die Tabelle mit weiteren Begriffen. – Ihr könnt auch zwei Gruppen bilden und sehen, wer die meisten Begriffe in einem vorgegebenen Zeitraum findet.
Schlagt alle Begriffe, deren Bedeutung oder deren Schreibweise ihr nicht genau kennt, in einem Wörterbuch nach.

6. *Die Benutzerfreundlichkeit der Computer endet nicht nur an den Schnittstellen und an der Kompatibilität der verschiedenen Computerwelten (Microsoft, Apple, Linux, ...). Viele Benutzer stören sich auch daran, dass Kenntnisse in der englischen Fachsprache ganz selbstverständlich vorausgesetzt werden oder aber die deutschen Übersetzungen fast unverständlich sind.*
Wie denkt ihr darüber? Sammelt Argumente pro und kontra Benutzerfreundlichkeit der Computer.

Ausbildung am Simulator

Leistungsfähige Computer und ausgefeilte Projektionstechnik | ermöglichen die originalgetreue Simulation unterschiedlichster Gefahrensituationen | zu Land, zur See und in der Luft. | Die Hydraulik der in Originalgröße gebauten Simulatoren täuscht das Auge und den Gleichgewichtssinn perfekt. | Triebfahrzeugführer der Bahn, | Schiffskommandanten und Flugzeugpiloten | werden so auf die Bewältigung seltener Situationen | und auf den damit verbundenen Stress vorbereitet. | Alle Eventualitäten können virtuell trainiert, | Wetterunbilden und technische Defekte können realitätsgetreu inszeniert werden. | 66

Die Bahn betreibt ICE-Simulatoren zur Schulung ihrer Fahrzeugführer. | Im Schiffssimulator in Hamburg werden Kapitäne, Offiziere und Lotsen ausgebildet; | vom Tanker bis zum Containerfrachter | können alle Schiffstypen simuliert werden. | Bevor ein Co-Pilot im Cockpit eines echten Flugzeugs sitzt, | muss er im virtuellen Cockpit eines Simulators schwierige Situationen, wie Start- und Landemanöver, | erlebt und bewältigt haben. | Mithilfe modernster Software lassen sich Gefahrensituationen simulieren, | die sogar erfahrene Berufspiloten ins Schwitzen bringen. 70

Onlinecafés

Onlinecafés nehmen ständig an Beliebtheit zu. | Statt einsam zu Hause vor dem Computer zu sitzen, | kann man hier mit Freunden plaudern, | einen Cappuccino trinken, | die Jobangebote in der Zeitung durchforsten | und per E-Mail und Internet Kontakte mit Leuten aus aller Welt knüpfen. | Gemeinsames Chatten und Surfen macht Spaß. | In virtuellen Chatrooms läuft die Kommunikation oft unkomplizierter | als mit den Nachbarn von nebenan. | In den meisten Chatforen müssen Regeln beachtet werden, | über deren Einhaltung der Moderator wacht: | Die so genannte Netiquette verbietet zum Beispiel vulgäre Ausdrücke, | deren Urheber im Wiederholungsfall von der Chatgruppe ausgeschlossen werden kann. | Im Onlinecafé kann man einer erfolgreichen Sportmannschaft in einer E-Mail zum Sieg gratulieren, | man kann aber auch ungestört allein im Internet surfen, | während die Bedienung eine Cola herbeiholt, | oder auch in einem Gesellschaftsspiel via Internet | zusammen mit seinen Freunden gegen eine Gruppe in Hamburg oder Sydney antreten. | Kein Wunder, dass Onlinecafés wie Pilze aus dem Boden schießen. 152

Auf Safari

Die Massai Mara, der nördliche Ausläufer der Serengeti, | ist ein bedeutendes Wildreservat. | Sie gehört zu Kenia | und ist Teil des tropischen Graslands, der Savanne. | In dieses Gebiet werden Safaris durchgeführt, | sowohl mit dem Bus, dem Jeep als auch mit dem Flugzeug. | Von einigen Städten Kenias starten kleine zweimotorige Flugzeuge, | die achtzehn Touristen Platz bieten. | Während des Fluges, die Flughöhe beträgt etwa 6000 Meter, | hat man von den Fensterplätzen oft gute Sicht | auf die Vegetation am Boden, | auf Wasserläufe mit ihren Galeriewäldern | und auf dörfliche Siedlungen. | Mit etwas Glück sieht man auch den höchsten Berg Afrikas, den Kilimandscharo. |
Nach ungefähr zwei Stunden landen die Maschinen auf Sand- oder Graspisten mitten in der Savanne. | Dort warten schon die Jeeps, | mit denen die Reisenden in Camps oder Lodges gebracht werden. | Von da aus starten die Abenteuerlustigen zu den Tierbeobachtungen. | Sie wollen die Wildtiere möglichst nah sehen, | sie fotografieren oder mit der Videokamera filmen. | Die Chancen dafür sind in der Massai Mara gut, | denn die Autos dürfen die Wege verlassen und querfeldein fahren. | Elefanten- und Büffelherden von über hundert Tieren sind keine Seltenheit. | Zebras, Gazellen, Giraffen, | Hyänen, Warzenschweine und Löwen kann man ebenfalls sehen. | Andere Tiere, zum Beispiel Leoparden und Nashörner, | sind eher Raritäten. 200

1. ***a)*** *Lies den Text sorgfältig durch und schreibe ihn dann satzweise aus dem Gedächtnis ab.*
b) *Vergleiche deine Abschreibeübung mit der Vorlage und markiere die Fehlerwörter.*
c) *Schreibe die Fehlerwörter in die Fehlerkartei. Übe diese Wörter, indem du dazu Ableitungen oder Komposita bildest.*

2. ***a)*** *Schreibe die unterstrichenen Wörter aus dem Text untereinander in dein Arbeitsheft.*
b) *Suche die jeweilige Wortbedeutung aus einem Nachschlagewerk heraus und schreibe sie daneben.*
Beispiel: Massai Mara – Teil einer Landschaft in den wechselfeuchten Tropen

3. *Informiere dich in einem Atlas über die Lage der Massai Mara, der Serengeti, der Tropen, Kenias, des Kilimandscharos.*

4. *Bilde mit fünf Fremdwörtern aus dem Text eigene Sätze und diktiere diese deinem Lernpartner/deiner Lernpartnerin. Kontrolliert die Texte gegenseitig auf die Rechtschreibung.*

5. **a)** *Unterstreiche im Ausgangstext alle Sätze, die Kommas enthalten.*
b) *Schreibe diese Sätze aus dem Text heraus, nummeriere sie dabei und begründe darunter die Kommasetzung.*
Beispiel: Die Massai Mara, der nördliche Ausläufer der Serengeti, ist ein bedeutendes Wildreservat.
(Die Kommas grenzen eine nähere Erklärung vom Hauptsatz ab. Eine solche grammatische Form heißt „Apposition". Das ist ein nachgestelltes Attribut, das im gleichen Fall steht wie das Beziehungswort.)
c) *Markiere die Appositionen in den Sätzen rot.*
d) *Du hast in der Aufgabe 5 b) für die Kommasetzung noch andere Begründungen angegeben:*
Aufzählung – nachgestellte Fügung – Hauptsatz und Nebensatz
Formuliere zu jedem grammatischen Fall einen Beispielsatz.

6. *Schreibe den Text ab und setze dabei die Kommas.*
Einmal im Jahr gehen wir Mutter Vater mein Bruder und ich in den Tierpark. Dort sehen wir uns an welche neugeborenen oder neu erworbenen Tiere es gibt. In diesem Jahr sind zwei Elefantenmädchen Shaba und Samba die große Attraktion. Sie haben dafür gesorgt dass die Besucherzahl im Tierpark erheblich gestiegen ist. Alle wollen sehen wie sich die Elefantenkinder entwickeln. Das Treiben der Elefanten ist aber auch sehr lustig zum Beispiel wenn sie mit dem Rüssel den Schwanz von Elefantenkühen anfassen.

7. *Verfasse zu einem Reiseerlebnis einen kurzen Text, korrigiere ihn in einer Partnerübung auf die Rechtschreibung.*
Gestaltet mit euren Texten ein Reisemagazin für die Klasse.

Abschlussball

(1) Seit Jahren ist es an der Realschule Tradition: | Den Abschlussball der zehnten Klassen organisieren die Schüler selbst. | (2) Das bedeutet nicht, dass sie völlig allein gelassen werden, | aber die Schulleitung, Vertrauenslehrer und Elternvertreter bleiben im Hintergrund. | (3) Sie sind Ansprechpartner und Ratgeber, wenn die Schüler es wollen. | (4) Ansonsten gilt der Grundsatz: „Zeigt, was ihr gelernt habt. | Wir, Lehrer und Eltern, sind an diesem Abend Gäste.“ | (5) Dieses Jahr hat Nicole den Hut auf(,) | und mit ihr tragen noch fünf weitere Schüler die Last der Organisation. | (6) Was es alles zu organisieren gibt, | das zeigt sich erst bei der Vorbereitung. | (7) Wichtig sind finanzkräftige Sponsoren. | (8) Supermärkte, Banken, einige Handwerksbetriebe und auch Reisebüros | standen als potenzielle Geldgeber auf der Liste. | (9) Jede zehnte Klasse hatte einen Kuchenbasar durchzuführen. | (10) Erstaunlicherweise florierte das Geschäft mit dem Selbstgebackenen, | und das trotz der nicht gerade niedrigen Preise. | (11) Über den anzumietenden Saal waren sich die Organisatoren zunächst uneins. | (12) Die einen wollten in ein Hotel mit bekanntem Namen, | den anderen war das eine Nummer zu groß. | (13) „Denkt an die Preise, nicht nur für den Saal, | auch für die Getränke und das Büffet“, warnten sie. | (14) Schließlich einigten sich alle auf den Mehrzwecksaal eines Möbelhauses. 189

1. ***a)*** *Lies den Text sorgfältig durch, präge dir jeweils einen Satz ein und schreibe ihn aus dem Kopf in dein Heft oder nutze ein Textverarbeitungsprogramm. Vergleiche Abschreibeübung und Vorlage sorgfältig miteinander. Unterstreiche die Fehlerwörter.*
b) *Schreibe die Fehlerwörter in deine Fehlerkartei und notiere zwei weitere Beispiele mit dem gleichen Rechtschreibproblem. Erläutere, wo es dir möglich ist, die Rechtschreibung.*

Beispiel:	das bedeutet,	dass
	Pronomen	Konjunktion
	das heißt,	dass du …
	das zeigt,	dass man …

2. ***a)*** *Im Text kommen das Adjektiv „potenziell“ und das Verb „florieren“ vor. Was bedeuten diese Wörter? Schlag, falls nötig, in einem Wörterbuch nach.*

b) Erkläre diese Wörter schriftlich, indem du zum Beispiel eine kurze Begebenheit schilderst, die die Bedeutung der Begriffe zum Ausdruck bringt.

3. *Fertige ein Arbeitsblatt an, in dem der Text ohne Satzzeichen und auch ohne Kennzeichnung der Satzanfänge geschrieben steht.*
   a) Teile zuerst den Text in Sätze auf. Schreibe Satz für Satz mit allen Satzzeichen in dein Heft.
   b) Vergleiche mit dem Ausgangstext und korrigiere sorgfältig.

4. *Begründe die Zeichensetzung in allen Sätzen. Schreibe dazu den jeweiligen Satz ab und setze die Satzzeichen mit einem Farbstift. Verfahre weiter wie im Beispiel:*
   Das bedeutet nicht, dass sie völlig allein gelassen werden, aber ...
   Satz (2) Das 1. Komma trennt HS und NS,
   das 2. Komma steht vor einer entgegensetzenden (adversativen) Konjunktion,
   das 3. Komma ...

5. *a) Wiederhole im Regelteil eines Wörterbuchs die Zeichensetzungsregeln bei wörtlicher Rede. Schreibe zu den Regeln je einen Beispielsatz auf.*
   b) Markiere alle Zeichen in deinen Beispielsätzen mit einem Farbstift.

6. *Schreibe den folgenden Text ab, setze dabei die fehlenden Zeichen.*
   Das Problem bei dem nun gemieteten Saal besteht darin dass eine Gruppe von Sicherheitskräften für den Abend benötigt wird die Treppe zum Saal führt mitten durch die Stockwerke mit den ausgestellten Möbeln da darf nichts passieren nichts beschädigt werden nichts wegkommen aber Nicole meint das sei kein Problem sie kenne Leute die so etwas schon öfter gemacht hätten auch die Dekoration Grünpflanzen und frische Blumen müssen die Schüler stellen um Getränke das ist vertraglich geregelt kümmert sich der Restaurantleiter des Möbelhauses.

7. *Wie wird an deiner Schule der Abschlussball vorbereitet?*
   Schreibe einen Bericht für die Schülerzeitung. Korrigiere zusammen mit deinem Lernpartner/deiner Lernpartnerin den Text sorgfältig.

Bewerbung um einen Ausbildungsplatz

(1) Sehr geehrte Damen und Herren, |
durch das Arbeitsamt habe ich erfahren, | dass Sie in Ihrem Dienstleistungsbetrieb | die Ausbildung zur Sozialversicherungsfachangestellten anbieten. | (2) In einem ausführlichen Gespräch mit dem Berufsberater | konnte ich mich bereits umfassend | über die Aufgabengebiete in diesem Tätigkeitsbereich informieren. | (3) Nach meinem Abitur im Juni des nächsten Jahres würde ich sehr gern bei Ihnen eine Ausbildung beginnen. |
(4) In den beiden letzten Schuljahren habe ich zwei Berufspraktika absolviert, | eines bei einer Krankenkasse, das andere in einer Arztpraxis. | (5) Die dabei an mich gestellten Anforderungen | habe ich mit Gewissenhaftigkeit, | großem Ausdauervermögen und Zielstrebigkeit bewältigt. | (6) Das wurde mir in Beurteilungen bestätigt. | (7) Ich bin davon überzeugt, | mit diesen Eigenschaften auch künftige Aufgaben, | die diesen Beruf betreffen, | zu Ihrer Zufriedenheit zu erfüllen. |
(8) Für die Ausführung des anfallenden Schriftwechsels | kann ich meine guten Kenntnisse in der Textverarbeitung am PC einbringen. | (9) Wie Sie meinen Zeugnissen entnehmen können, | verfüge ich über gute bis sehr gute Kenntnisse | in Französisch und Englisch. |
(10) Ich bin sehr aufgeschlossen und arbeite gern mit anderen Menschen zusammen. |
(11) Gern würde ich mich bei Ihnen vorstellen. |
Mit freundlichen Grüßen 172

1. ***a)*** *Schreibe den Text nach Diktat und berücksichtige dabei die äußeren Anforderungen an einen Brief/ein Bewerbungsschreiben.*
b) *Korrigiere dein Diktat anhand der Vorlage und notiere die Fehlerwörter in richtiger Schreibweise darunter. Bedenke, dass ein Bewerbungsschreiben auf jeden Fall fehlerfrei sein sollte.*

2. ***a)*** *Notiere in Stichworten die inhaltlichen Schwerpunkte.*
b) *Beurteile, ob das Bewerbungsschreiben inhaltlich vollständig ist. Kontrolliere es auch auf Ausdrucksfehler hin. Ergänze, wo es dir notwendig erscheint, und streiche Überflüssiges.*
c) *Lies das Bewerbungsschreiben auf Stellen durch, die unter Umständen negativ bewertet werden könnten.*

3. *Entwirf nun für dich ein Bewerbungsschreiben um einen Ausbildungsplatz und lass es von einem Lernpartner/einer Lernpartnerin auf Inhalt und Rechtschreibung hin kontrollieren.*

4. *Im Text werden Höflichkeitsanreden gebraucht. Wie werden diese geschrieben?*
Informiere dich im Regelteil deines Wörterbuchs über die Schreibweise von Höflichkeitsformen und von vertraulichen Anreden.

5. *Die folgenden Satzbilder gehören zu den Sätzen (1), (4), (5), (7) und (9) des Textes. Ordne die Satzbilder richtig zu.*

Satzbild a) ________ , ________ , ... , ________ .
b) .... , ____________ , ____________ .
c) ____________ , ____________ , ...
d) __________________ , __________________ .
e) ____________ , ____________ , ____________ .

6. ***a)*** *Übertrage jedes Satzbild in dein Heft und bestimme die Satzstrukturen, indem du die einzelnen Teile der Sätze benennst.*
Beispiel: Satz (1) Anrede – Hauptsatz – Nebensatz
b) *Markiere Haupt- und Nebensatz in zwei Farben.*

7. *Setze die Anredepronomen in der richtigen Schreibweise in den Text ein.*

Sehr geehrter Herr Wiebe,
(i)ch sende (i)hnen hiermit die fehlenden Unterlagen und bitte (s)ie um (i)hre Einschätzung. Bitte teilen (s)ie mir mit, ob das Material nun inhaltlich vollständig ist. Falls (s)ie Fehler im Ausdruck und in der Rechtschreibung entdecken sollten, wäre ich (i)hnen dankbar, wenn (s)ie (s)ie markieren würden.

Wir gehen essen

Die Zeugnisse waren gut ausgefallen. | Wir und unsere Eltern waren mit uns zufrieden. | Kurzum, wir hatten uns eine Belohnung verdient: | Ein Ausflug und ein Fondueessen sollten es sein. | Schon ergab sich die erste Schwierigkeit, | nämlich die Frage, wohin es gehen sollte. | Nach längeren Diskussionen einigten wir uns auf den „Süßwinkel". | Aber zu unserem Wunschtermin war die Gaststätte, die ziemlich klein ist, schon ausgebucht. | Nun war guter Rat teuer. | Glücklicherweise fiel Max ein Restaurant ein, das man gut auf einem schönen Wanderweg erreichen kann. | Dort wird Fondueessen als Spezialität des Hauses angeboten. | Per Telefon fragten wir nach freien Plätzen | und ließen uns für den übernächsten Abend einen Tisch reservieren. | Pünktlich und mit großem Hunger, schließlich waren wir gewandert, | kamen wir in die Gaststätte und mussten auch nicht lange auf unser Essen warten. | Da meine Schwester, wie ihre Freundinnen auch, | neuerdings nur Vegetarisches essen möchte, | hatten wir ein Käsefondue bestellt. | Dazu gab es Toast und mehrere pikante Soßen. | „Es schmeckt delikat", verkündete meine Schwester, | „ihr merkt, es muss nicht immer Fleisch sein." | Um des lieben Friedens willen und weil sie ausnahmsweise Recht hatte, | stimmten wir ihr zu. | Auf dem Heimweg im Dunkeln revanchierten wir uns aber doch bei ihr. | Wie? Das könnt ihr euch selbst ausdenken. 204

1. ***a)*** *Schreibe den Text Satz für Satz in dein Heft und beginne jeden Satz in einer neuen Zeile.*
   b) *Nummeriere alle Sätze und markiere alle Satzzeichen mit einem Farbstift.*

2. *Wiederhole die Regeln für die Kommasetzung im Hauptsatz, in Satzverbindungen und Satzgefügen.*

3. *Schreibe die jeweilige Satznummer an den Anfang einer Zeile und begründe die Kommas, die du in diesem Satz gesetzt hast, mit der entsprechenden Rechtschreibregel.*
   Beispiel: 1. HS – kein Komma
   2. HS – kein Komma
   3. HS – Ausklammerung/Komma – Doppelpunkt als Ankündigung – HS

4. *Diskutiere mögliche Unterschiede in der Begründung der Satzzeichen in deiner Arbeitsgruppe.*

5. *Wiederhole die Regeln zur Zeichensetzung im Regelteil deines Sprachbuchs oder eines Wörterbuchs. Mögliche Schwerpunkte könnten sein:*
- *Komma bei nachgestellten Fügungen*
- *Komma bei eingeschobenem Nebensatz*
- *Zeichensetzung bei wörtlicher Rede*
- *Groß- oder Kleinschreibung nach Doppelpunkt*

6. *Ermittle deine Fehlerschwerpunkte.*
Schreibe nach dem Durcharbeiten der Regeln Satzbeispiele auf und lass dir diese Sätze von einem Lernpartner / einer Lernpartnerin diktieren.
Korrigiert eure Übung gemeinsam.

7. *Gehst du auch gelegentlich mit deiner Familie zum Essen aus?*
a) *Denke dir einen Namen für ein Restaurant aus. Schreibe, ausgehend von einem Gaststättenbesuch, einen Werbetext für das Restaurant.*
b) *Arbeitet diese Texte in einer Gruppe sorgfältig durch. Korrigiert die Rechtschreibung, die Zeichensetzung und den Ausdruck.*

8. *Im Ausgangstext kommen einige Fremdwörter vor.*
a) *Schreibe die Wörter untereinander in dein Heft. Trage daneben die deutsche Bedeutung ein.*
b) *Notiere dir andere Wörter aus dem Bereich der Gastronomie.*
c) *Überprüfe die Rechtschreibung mithilfe eines Wörterbuchs.*

9. *Schreibe etwa 20 dieser Wörter aus dem Kopf auf und kontrolliere selbstständig, ob du sie richtig geschrieben hast.*

Selbstbeschreibung

Mein Name ist Julia Bauer, | ich wurde am 19.12.1983 in Leipzig geboren | und wohne in der Lindenstraße in Bad Schattenau. | Mein Vater, Wolfram Bauer, ist Geschäftsführer, | meine Mutter, Anna Bauer, geb. Köhler, ist Hausfrau. | Von 1990 bis 1994 besuchte ich die Grundschule in Bad Schattenau | und seit 1994 bin ich Schülerin am Gymnasium in meiner Heimatstadt. | Die Schule werde ich voraussichtlich im Juli 2002 mit dem Abitur beenden. | Ich verfüge über Schulkenntnisse in Englisch (7 Jahre), | Französisch (4 Jahre) und Latein (3 Jahre) | sowie über Schulkenntnisse am Personalcomputer, | zum Beispiel kenne ich das Betriebssystem MS-DOS, | die Anwendungssysteme MS Excel, MS Works und MS Word für Windows | und die Programmiersprache Turbo Pascal. | 111

In meiner Freizeit lerne ich häufig für die Schule, | unternehme aber auch gern Fahrradtouren oder gehe Schwimmen. | Darüber hinaus spiele ich oft auf meinem Keyboard | oder treffe mich mit Freunden. | Am Wochenende gehe ich öfter in die Disko oder zu Festen. | Das ist für mich ein guter Ausgleich zum Schulalltag | und außerdem lerne ich gern andere Menschen kennen. | Die dabei gesammelten Erfahrungen verhelfen mir zu besserer Menschenkenntnis | und sind eine gute Grundlage für meinen späteren Beruf. | Mein Wunsch ist es, nach dem Abitur als Aupairmädchen in die USA zu gehen.
Um eine solche Stelle möchte ich mich bei Ihrer Organisation bewerben. | Ich denke, dass mir meine Interessen und Kenntnisse bei dieser Tätigkeit nützlich sein werden, | und ich hoffe, neue Erfahrungen zu sammeln und zu mehr Weitblick zu gelangen. |
Ich würde mich freuen, bald Antwort von Ihnen zu bekommen. |
Mit freundlichen Grüßen
Julia Bauer 143

1. ***a)*** *Lies zunächst den ganzen Text. Lies dann Satz für Satz und schreibe ihn jeweils auswendig in dein Heft. Vergleiche deine Abschreibeübung mit der Vorlage und unterstreiche eventuelle Fehlerwörter.*
b) *Notiere diese Wörter in der Fehlerkartei und schreibe je zwei weitere Wörter mit dem gleichen Rechtschreibphänomen dazu.*
Beispiel: Schulkenntnisse – Zeugnisse, Ereignisse

2. ***a)*** *Unterstreiche und nummeriere in der Textvorlage alle Sätze, die Kommas enthalten.*
b) *In einigen Sätzen steht das Komma vor erweitertem Infinitiv mit „zu“. Markiere diese Sätze mit einem Leuchtstift.*
c) *Wiederhole die Regeln zur Kommasetzung bei erweitertem Infinitiv und notiere, in welchen Fällen das Komma gesetzt werden muss. Nutze dazu den Regelteil deines Wörterbuchs.*
d) *Schreibe die mit Leuchtstift markierten Sätze heraus und überlege, welche Regel hier angewandt wurde.*

3. *Schreibe nun auch alle anderen Sätze, die Kommas enthalten, aus dem Text heraus und begründe die Kommasetzung.*
Beispiel: Mein Name ist Julia Bauer, ich wurde … in Leipzig geboren und wohne in der Lindenstraße in Bad Schattenau.
(Das Komma trennt zwei Hauptsätze.)

4. *Schreibe die Sätze ab, entscheide, wo ein Komma gesetzt werden muss, und begründe deine Entscheidung.*
1. Der Bademeister warnte uns davor von den Beckenrändern ins Bassin zu springen.
2. Es geht darum Unfälle zu verhüten.
3. Schließlich gebe es ja auch ein Sprungbecken um jedem zu seinem Badespaß zu verhelfen.
4. Man solle nie springen ohne vorher auf die Schwimmenden geachtet zu haben.
5. Es sei auch seine Aufgabe Unfälle zu verhüten.

5. ***a)*** *Erkläre, wie sich der Sinn durch die Kommasetzung verändert.*
1. Ich rate, ihm zu folgen.
   Ich rate ihm, zu folgen.
2. Ich riet meinem Freund, bei der Arbeit zu helfen.
   Ich riet, meinem Freund bei der Arbeit zu helfen.

b) *Schreibe zu den Beispielsätzen in 5 a) je zwei eigene Beispielsätze.*

6. *Der Ausgangstext ist eine Selbstdarstellung. Sie wird mitunter bei Bewerbungen gefordert.*
a) *Überprüfe die Selbstdarstellung auf Inhalt und Ausdruck.*
b) *Schreibe eine eigene Selbstdarstellung.*

Die heilige Zahl Sieben

Die Primzahl Sieben spielt bei vielen Völkern eine besondere Rolle. | Die Gründe für die Besonderheit der Zahl Sieben verlieren sich im Dunkel der Geschichte. |
Schon bei den Ägyptern und Babyloniern | nahm die Sieben als Summe der beiden „Lebenszahlen" Drei und Vier eine Sonderstellung ein: | Vater, Mutter und Kind sind als Grundlage des Lebens anzusehen, | die Vier ist die Zahl der Himmels- und Windrichtungen. | Dreieck und Viereck galten bei den Mathematikern der Antike als vollkommene Gebilde. | Auch dies kann dazu geführt haben, die Sieben als heilige Zahl zu betrachten. | Die alten Griechen kamen jedes Jahr aus Anlass der Dionysosspiele zusammen, | um die jeweils sieben besten Komödianten und Tragöden zu wählen. | Rom wurde auf sieben Hügeln erbaut | und die sieben Weltwunder geben uns Gelegenheit, die Baukunst der Antike zu bewundern. | 128

In der katholischen Kirchenlehre gibt es sieben Todsünden und sieben Sakramente. | Dass auch die Juden der Sieben eine besondere Bedeutung beimaßen, | ist allein schon am siebenarmigen Leuchter zu erkennen, | der als Symbol des Judentums in das Staatswappen aufgenommen wurde. | Mit sieben Plagen zwang Gott die Ägypter(,) | sein Volk unter der Führung von Moses ziehen zu lassen. | In den Zehn Geboten ermahnt Gott die Menschen(,) den siebten Tag zu heiligen, | weil er an diesem Tag von seinem Schöpfungswerk ausruhte. | Wie die Christen kennen auch die Muslime sieben Himmel. | Die Muslime glauben(,) | als Lohn für eine besonders gute Lebensführung nach ihrem Tod in den siebten Himmel zu gelangen. 106

Tafel: Dionysos

1. ***a)*** *Unterstreiche in deinem Diktat alle Infinitivkonstruktionen.*
b) *Wiederhole, was du über die Kommasetzung vor Infinitiven gelernt hast:*
- *Wann kann ein Komma stehen?*
- *Wann muss ein Komma gesetzt werden?*

Schlag, wenn du dir nicht sicher bist, im Regelteil deines Wörterbuchs nach oder nimm dein Sprachbuch zu Hilfe.
c) *Begründe daraufhin deine Zeichensetzung und verbessere sie gegebenenfalls.*

2. *Entscheide in den folgenden Sätzen, ob ein Komma gesetzt werden muss, um Missverständnisse auszuschließen.*
Sie raten dem Verein kein Geld zu spenden.
Die Brüder versprachen ihrer Oma jeden Tag eine Karte zu schreiben.
Sie hoffte jedes Jahr mitreisen zu können.
Wir versuchen täglich mehr Obst einzukaufen.
Der Händler verbot ihnen die Bücher zu öffnen.

3. ***a)*** *Schreibe die folgenden Sätze in dein Heft und ergänze die fehlenden Kommas.*
1. Wenn es am Siebenschläfertag zu regnen beginnt, soll es nach einer alten Bauernregel sieben Wochen lang schlechtes Wetter geben. 2. Wer erinnert sich nicht daran schon einmal von Schneewittchen und den sieben Zwergen hinter den sieben Bergen gehört zu haben? 3. Viele andere Märchen und Sagen können angeführt werden um die Bedeutung der Zahl Sieben aufzuzeigen, zum Beispiel die sieben Schwaben und das tapfere Schneiderlein, das sieben (Fliegen) auf einen Streich tötete. 4. Die Grundfläche der Cheopspyramide, eines der sieben Weltwunder, würde dazu ausreichen den fünf größten Kirchen der Welt Platz zu bieten. 5. Er hatte sofort zugestimmt ohne das Kleingedruckte gelesen zu haben. 6. Einige werden sich wohl das Buch kaufen um sich über die sieben Weltwunder zu informieren. 7. Wir bitten den Stoff vom laufenden Meter abzuschneiden. 8. In Bibliotheken wird oft darauf hingewiesen die Bücher wieder ordentlich in die Regale zu stellen.
b) *Unterstreiche alle erweiterten Infinitive. Woran erkennst du sie?*

4. *Bildet Gruppen und informiert euch über die sieben Weltwunder. Sucht nach weiteren Beispielen aus Geschichte, Kunst, Literatur und den Naturwissenschaften für die Bedeutung der Zahl Sieben. Erstellt daraus einen Beitrag für eure Schülerzeitung.*

5. *Der siebte Tag soll geheiligt werden. – Seit einiger Zeit wird die Einführung eines verkaufsoffenen Sonntags in Erwägung gezogen. Diskutiert kontrovers.*

Wie wär's mit einer Sprachreise?

Sprachreisen sind gefragt. | Je nach dem Fremdsprachenangebot der Schulen | reisen Schülerinnen und Schüler der neunten und zehnten Klassen | nach England, Frankreich oder Italien. | Sicher gibt es auch Schulen, | deren Schüler nach Spanien oder nach Russland fahren. |
Im Ausland werden die Jugendlichen zumeist in Gastfamilien untergebracht. | Das ist einerseits recht günstig, | denn die Gasteltern sprechen oft nur die Landessprache | und man ist gezwungen(,) seine Fremdsprachenkenntnisse anzuwenden, | andererseits ist das Milieu in diesen Familien natürlich ziemlich unterschiedlich. | Frühstück und Abendbrot erhalten die Gäste oftmals in einer festen Einrichtung, | etwa einer Pension, einem Internat oder Ähnlichem. | Tagsüber werden Exkursionen durchgeführt oder es bleiben ein paar Stunden zur eigenen Verfügung. | 106

So lernen die Schülerinnen und Schüler(,) je nach Reiseziel(,) | die Hauptstadt, größere Städte einer Region und auch das Umland kennen. | Zum Besichtigungsprogramm einer Londonreise gehören die Sehenswürdigkeiten der Stadt, | zum Beispiel die Saint Pauls Kathedrale, der Tower, aber auch bekannte Stadtteile wie Soho. | Ausflüge zum Schloss Windsor, | nach Canterbury oder nach Salisbury und Stonehenge | runden die Fahrt ab. |
Bei den Frankreichfahrten ist Paris zwar ein begehrtes Reiseziel, | aber längst nicht das einzige. | Viele Schulen unterhalten langjährige Partnerschaften mit Schulen in den verschiedenen Departements des Landes. 83

1. *Schreibe den Text Satz für Satz auswendig in dein Heft und korrigiere anhand der Vorlage. Notiere die Fehlerwörter in deiner Fehlerkartei.*

2. ***a)*** *Informiere dich in einem Lexikon über den Begriff „Departement".*
b) *Suche im Stadtplan von London und auf der Karte von Großbritannien folgende Sehenswürdigkeiten bzw. Orte:*
- *den Tower, die Saint Pauls Kathedrale*
- *Soho, Windsor*
- *Canterbury, Salisbury, Stonehenge*

c) *Schreibe diese Begriffe untereinander in dein Heft und erkläre daneben die Sehenswürdigkeiten.*
Beispiel: Tower – hier: ehemalige Königsburg in London

3. ***a)*** *Bereite mithilfe der Begriffe aus dem Text, des Kartenmaterials und eventueller eigener Reiseerfahrungen einen Kurzvortrag über eine Sprachreise für den Unterricht in Deutsch, in einer Fremdsprache oder in Geografie vor.*
b) *Gestaltet gemeinsam aus euren Kurzvorträgen eine Wandzeitung für den Klassenraum.*

4. ***a)*** *Nutzt das Material für ein Übungsdiktat, das in einer Arbeitsgruppe oder in der Klasse diktiert wird.*
b) *Korrigiert jeweils innerhalb einer Arbeitsgruppe die betreffenden Materialien auf Rechtschreib- und Zeichensetzungsfehler.*

5. ***a)*** *Ermittle deine Fehlerschwerpunkte nach folgenden Aspekten: Kommasetzung – Stammschreibung – Groß-/Kleinschreibung – Fremdwortschreibung – Getrennt-/Zusammenschreibung*
b) *Notiere deine Fehlerwörter und je zwei Beispiele mit dem gleichen Rechtschreibproblem in dein Heft.*
Beispiel: entscheidendsten – treffendsten, bedeutendsten
c) *Begründe da, wo es sich anbietet, die richtige Schreibweise.*
Beispiel: entscheidendsten – entscheidend

6. ***a)*** *Schreibe den folgenden Text ab und setze die fehlenden Kommas. Schlage bei Unsicherheit im Regelteil deines Wörterbuchs nach.*
In Klaras Klasse wurden als Reiseziele nicht nur England und Frankreich sondern auch Italien und Spanien genannt. Einerseits wollten die jungen Leute ihre Sprachkenntnisse vertiefen andererseits lockten aber auch die südlichen Länder mit ihrem subtropischen Klima.
Je länger die Diskussion dauerte desto ausgefallenere Reiseziele wurden genannt. Schließlich war man sich weder über ein Reiseland einig noch über die Reisezeit. Sowohl der Herbst als auch das Frühjahr waren im Gespräch.
Mithilfe der Klassenlehrerin wurde zuletzt ein Kompromiss gefunden: Reisen wollte man im Frühjahr und ob es nach Italien oder nach Frankreich geht das wollte man von kostengünstigen Angeboten abhängig machen.
b) *Unterstreiche die anreihenden Konjunktionen, bei denen ein Komma zu setzen ist, rot, die anderen blau.*

Türme

Seit Jahrhunderten bauen die Menschen nicht nur ebenerdige Behausungen, sondern auch Türme. |
Ein hoher Turm bot einerseits einen guten Überblick, | andererseits war er zum Beispiel bei der Verteidigung einer Burg von großem Nutzen. | Sowohl Freunde als auch Feinde konnten von dort frühzeitig erspäht werden. | Das war vor allem bei unliebsamen Gästen notwendig, | denn je früher man einen Angreifer sah, | desto mehr Zeit blieb zum Handeln. | Falls eine Burg belagert oder sogar erobert wurde, | diente der höchste und mächtigste Turm
einer Burg, der Bergfried, | als letzter Zufluchtsort vor dem Feind. | 89

Ein Turm dient aber nicht nur zur Verteidigung, | sondern er kann auch ein religiöses Symbol sein, | wie die Pyramidentürme von Hindutempeln, | die den mythischen Berg Meru im Mittelpunkt des Universums darstellen sollen. | Die in den Himmel ragenden Türme gotischer Kirchen | sind ein Zeichen der Verbindung mit Gott(,) | und auch Moscheen haben mindestens ein Minarett, | das heißt einen schlanken hohen Turm mit einem Balkon, | von dem aus die Gläubigen zum Gebet gerufen werden. | In modernen Großstädten baut man Wolkenkratzer: | Je mehr Wohn- und Arbeitsraum für eine Vielzahl von Menschen | auf einer relativ kleinen
Grundfläche geschaffen werden kann, | desto besser kann die Infrastruktur 103
genutzt werden.

1. *Wiederhole, was du über die Kommasetzung bei Konjunktionen gelernt hast. Nenne Beispiele für Konjunktionen, die*
   - *Hauptsätze verbinden,*
   - *gleichartige Wörter und Wortgruppen verbinden,*
   - *Nebensätze einleiten.*

   Informiere dich bei Bedarf im Regelteil deines Wörterbuchs oder deines Sprachbuchs.

2. *Lies den Text aufmerksam durch und kläre alle Begriffe, die dir unbekannt sind oder über deren Bedeutung du dir nicht sicher bist.*
   Schreibe die betreffenden Wörter in Form einer Liste in dein Heft und notiere daneben die Erklärung in Stichworten.
   Nutze dazu ein Lexikon.

3. **a)** *Markiere alle Konjunktionen, vor denen ein Komma gesetzt wurde, in roter Farbe und alle anderen Konjunktionen grün.*
b) *Unterstreiche alle Nebensätze, die von einer Konjunktion eingeleitet werden.*
c) *Der Diktattext enthält auch Relativsätze. Markiere die entsprechenden Kommas gelb.*
d) *Überlege: Durch welche Konjunktion könntest du den Doppelpunkt nach „Wolkenkratzer" ersetzen?*

4. **a)** *Diktiert euch den Text je zur Hälfte gegenseitig und korrigiert ihn gemeinsam anhand der Vorlage.*
b) *Verbessert zuerst gemeinsam alle Kommafehler und begründet die richtige Kommasetzung. Verbessert anschließend auch die übrigen Rechtschreibfehler.*

5. **a)** *Schreibe alle Konjunktionen aus dem Text heraus und verwende jede in zwei Beispielsätzen.*
b) *In welchen Fällen wird vor der vergleichenden Konjunktion „als" ein Komma gesetzt? Erkläre mithilfe eines Beispielsatzes.*

6. *Ergänze im folgenden Text die notwendigen Kommas.*
Für die mittelalterlichen Baumeister waren quadratische Türme am einfachsten zu bauen doch sie boten den Verteidigern keine so gute Rundumsicht wie die schwierigeren Rundturmkonstruktionen. Aus Sicherheitsgründen hatten die alten Burgen im Untergeschoss weniger Luken als nötig gewesen wären um ausreichend Licht ins Innere der Burg gelangen zu lassen. Viele der Geschlechterburgen in mittelalterlichen Städten dienten nicht nur dem Schutz sondern vor allem der Repräsentation von Macht und Reichtum.

7. *Verbinde jedes der folgenden Satzpaare mit einer Konjunktion.*
Beispiel: Du beeilst dich. Wir werden zu spät kommen.
Entweder du beeilst dich oder wir werden zu spät kommen.

- Frau Manske erkannte den Mann auf dem Foto. Frau Schmieder erkannte ihn auch.
- Kai war der Beste in Mathe. Er schrieb auch die besten Aufsätze.
- Die Schwedinnen bekamen nicht die ersehnte Medaille. Die Französinnen bekamen sie auch nicht.

Gastschüler an der Schule

In unseren zehnten Klassen haben wir zurzeit Gäste: | Mary Zimmerman aus den USA, | Diego Varga aus Argentinien | und Sophia Arosa aus Italien. | Während Mary und Diego nur für ein paar Wochen | an unserer Schule und bei ihren hiesigen Gasteltern bleiben, | ist Sophia für ein Jahr Schülerin der Klasse 10 a. | „Mir gefällt es hier sehr gut“, | hat sie erst kürzlich in einem Gespräch mit der Schulleiterin gesagt, | „ich habe in Anne und den anderen Mädchen in der Klasse prima Freundinnen gefunden.“ | Auch bei den Gasteltern fühlt sie sich sehr wohl. | „Es ist beinahe wie zu Hause, nur das Essen ist so ungewohnt.“ | 102

Mit ihren Gasteltern unternimmt Sophia öfter Ausflüge, | unlängst zum Beispiel in die Landeshauptstadt. | Was es da zu sehen gibt? | Das Mädchen hat ihren Eltern am Telefon darüber berichtet: | „Der Dom und die benachbarte Kirche sind gotische Bauwerke, | am Markt stehen prächtige Bürgerhäuser aus der Renaissance | und die mit Fachwerkhäusern bebaute Brücke über den Fluss stammt aus dem Mittelalter.“ |
Als Dank für die Ausflüge kocht Sophia typisch italienische Gerichte. | „Es schmeckt vorzüglich“, | haben die Gasteltern gesagt, | „aber wir fürchten uns davor, uns auf die Waage zu stellen.“ 86

1. ***a)*** *Wiederhole die Regeln für die Zeichensetzung bei wörtlicher Rede. Schlag dazu im Regelteil eines Wörterbuchs nach.*
b) *In welchen Fällen werden in einem Hauptsatz Kommas gesetzt?*
c) *Informiere dich über die Kommaregeln zwischen Hauptsatz und Nebensatz.*
d) *Wann setzt man einen Doppelpunkt, wann ein Fragezeichen?*

2. ***a)*** *Schreibe den Text mit Ausnahme des Punkts am Satzende ohne Satzzeichen ab und nummeriere dabei die Sätze durch.*
b) *Lege die Textvorlage beiseite und ergänze in deiner Abschreibeübung alle Satzzeichen. Achte vor allem auf die Zeichensetzung bei wörtlicher Rede. Markiere die Satzzeichen mit einem Leuchtstift.*
c) *Schreibe die Satznummern untereinander in dein Heft und begründe die Kommasetzung.*
Beispiel: Satz (1) – Komma wegen Aufzählung

3. *Sachverhalte können statt in direkter Rede auch in indirekter Rede wiedergegeben werden.*
a) *Schreibe die Sätze mit direkter Rede in die indirekte Rede um, indem du den Konjunktiv verwendest.*
Beispiel: Sophia sagt, ihr gefalle es hier sehr gut, sie habe ...
b) *Verwende nun für die Formulierung in der indirekten Rede die Konjunktion „dass".*
Beispiel: Sophia sagt, dass es ihr hier sehr gut gefalle, sie habe ...

4. **a)** *Denke dir ein Gespräch mit Sophia aus, zum Beispiel über ihre Erlebnisse in der Schule, über ihr Heimatland, über die Sehenswürdigkeiten, die sie in Deutschland kennen gelernt hat, über die italienische Küche oder über die Mode.*
Schreibe das Gespräch in der wörtlichen Rede auf.
b) *Tausche die Übung mit deinem Lernpartner/deiner Lernpartnerin aus und kontrolliert gegenseitig, ob alle Zeichen richtig gesetzt wurden.*
c) *Formuliere den Text in die indirekte Rede um. Nimm nach Möglichkeit eine Grammatik zu Hilfe.*
d) *Bildet Arbeitsgruppen (vier Schüler/innen), wählt je einen Text aus, der als Übungsdiktat von der Gruppe geschrieben wird; der Autor/die Autorin diktiert.*

5. **a)** *Schreibe je drei Hauptsätze, die Kommas enthalten (Aufzählung, Apposition, nachgestellte Fügungen), drei Satzgefüge (Hauptsatz und Nebensatz, zum Beispiel Relativsatz) und drei Sätze, die einen erweiterten Infinitiv mit „zu" enthalten und mit einem Komma geschrieben werden müssen.*
Korrigiere die Sätze mit deinem Lernpartner/deiner Lernpartnerin.
b) *Schreibe drei Sätze, in denen ein Doppelpunkt gesetzt werden kann oder gesetzt werden muss. Informiere dich dazu im Regelteil deines Wörterbuchs.*

6. *Sammle einschlägiges Material zum Thema „Austauschschüler" und erarbeite einen Kurzvortrag. Wegen Informationen kannst du dich an den Beratungslehrer, den Berufsberatungslehrer, den Klassenlehrer wenden. – Halte deinen Vortrag vor der Klasse.*

Eine Kneipe für junge Leute

Gibt es das in eurem Heimatort auch: | ein Jugendparlament? | Bei uns in der Stadt existiert so ein Gremium. | Jugendliche, Vertreter von Schulen und anderen Einrichtungen | beraten über ihre Belange, | vertreten Interessen und Wünsche junger Leute gegenüber der Stadtverwaltung. | Seit längerem bemühen sie sich darum, | offene Ohren und Sponsoren für einen Jugendtreff zu finden. | Sie stellen sich darunter eine Kneipe vor; | hell, freundlich eingerichtet, | gemütlich und täglich geöffnet sollte sie sein. | Dort wollen sie sich mit Gleichaltrigen treffen, | über alles Mögliche schwatzen, Gedanken austauschen: | kurz, einen Ort zur Kommunikation hätten sie gern. | 91

Natürlich gehört auch ein gewisses Maß an Service zu so einem Ort, | Getränke und einen warmen oder kalten Imbiss sollte es schon geben. | Preisgünstig müssten Essen und Getränke sein, das versteht sich von selbst. | Besonders heiß wurde über die Frage diskutiert, | wie ein solcher Jugendklub organisiert und betrieben werden kann. | Sucht man sich einen Betreiber, | einen Pächter oder einen privaten Gastwirt zum Beispiel, | dann möchte dieser möglichst gut verdienen. | Die jungen Leute wollen aber einfach zusammen sein | und nicht in erster Linie Umsatz bringen. | Da war guter Rat zunächst teuer, | aber bei einer der nächsten Sitzungen soll eine Lösung gefunden werden. 101

1. ***a)*** *Wiederhole alles, was du über die Zeichensetzung gelernt hast. Nimm dazu den Regelteil deines Wörterbuchs zu Hilfe.*
   b) *Schreibe den Text ohne Satzzeichen in dein Heft.*
   c) *Ergänze alle Satzzeichen und unterstreiche sie rot.*
   d) *Vergleiche deine Übung mit der Textvorlage, korrigiere die Satzzeichenfehler, aber auch alle Rechtschreibfehler.*

2. *Im Text sind neben zahlreichen Kommas auch andere Satzzeichen zu setzen: Doppelpunkt, Semikolon (Strichpunkt), Fragezeichen.*
   a) *Informiere dich im Regelteil eines Wörterbuchs darüber, wann der Doppelpunkt gesetzt werden kann und wann nach einem Doppelpunkt groß, wann klein weitergeschrieben werden muss.*
   b) *Lies auch unter dem Stichwort „Semikolon" im Regelteil nach. Wann ist es angebracht, ein Semikolon zu setzen?*

3. *Schreibe drei Beispielsätze, in denen ein Doppelpunkt gesetzt werden kann. Achte darauf, dass du nach dem Doppelpunkt richtig (Groß- oder Kleinschreibung) weiterschreibst.*

4. *Schreibe den folgenden Text ab und ergänze dabei die Satzzeichen.*
Bertolt Brecht schreibt in seinem Drama Leben des Galilei Das Denken ist das größte Vergnügen der menschlichen Rasse Max ist da ganz anderer Meinung Er knurrt auf die Bemerkung des Lehrers hin Da kann ich mir aber etwas Besseres vorstellen Goethe Schiller Heine Brecht Sie alle scheinen Weisheiten für alle Lebenslagen parat zu haben Max überfällt bei der Behandlung klassischer Literatur oftmals ein unüberwindbares Leiden chronische Müdigkeit

5. *Überlege, ob du in den folgenden Sätzen ein Komma, ein Semikolon oder einen Punkt setzen willst. Schreibe die Sätze in dein Heft.*
Die Bergsteiger hatten reichlich Proviant eingepackt. Er bestand aus Salami, Schinken und Speck (?) Reis, Nudeln, Kommissbrot und Trockennahrung. Ralf dachte immer nur an die Route (?) er überlegte ständig, ob er sich für den richtigen Aufstieg entschieden hatte. Ein solches Unternehmen steht und fällt mit der Planung (?) es hat die Stärken und Schwächen jedes Teilnehmers zu berücksichtigen.

6. ***a)*** *Schreibe aus dem Text „Eine Kneipe für junge Leute" die Fremdwörter in Form einer Liste untereinander heraus.*
b) *Notiere neben jedem Fremdwort dessen Bedeutung. Solltest du das eine oder andere Wort nicht erklären können, informiere dich in einem Wörterbuch.*
c) *Verwende die Fremdwörter aus Aufgabe 6 a) in ganzen Sätzen und diktiere sie deinem Lernpartner/deiner Lernpartnerin. Korrigiert eure Texte gegenseitig.*

7. *Schreibe einen Brief an das Jugendparlament einer Gemeinde. Du könntest es zum Beispiel auffordern, einen Diskobus einzurichten, eine Inline-Bahn anzulegen, ein Computer- oder Internetcafé zu eröffnen.*

So etwas bräuchten wir auch!

Ab und zu werden zur Ausgestaltung des Jugendtreffs | auch sehr kühne Pläne und illusionäre Vorstellungen geäußert. | Sollte man viel Geld bekommen, | Fördermittel etwa oder Spenden von Firmen, | die ein Herz für die Jugendlichen haben, | dann möchte man mehrere Monitore installieren, | und zwar so, dass von jedem Platz aus immer einer von ihnen zu sehen ist. | Da könnten dann Sportprogramme und Musiksendungen übertragen und angeschaut werden. | Ja, selbst von einer Großbildleinwand und etlichen Programmkanälen ist die Rede. | Auf so einer Bildwand kommt die ganze Dramatik spannender Sportereignisse | viel besser zum Ausdruck als auf den relativ kleinen Monitoren. | Die Atmosphäre der Veranstaltungen übertrüge sich dann direkt in die Kneipe. | 107

Die technischen Möglichkeiten erlaubten selbstverständlich noch viel mehr Angebote, | als nur Sport- oder Musikereignisse zu zeigen. | „Das wäre was“, schwärmten die Mädchen und Jungen des Jugendparlaments, | „wir hätten eine High-Tech-Kneipe. | Aber wer soll das bezahlen?“ |
Die Idee dafür hatte übrigens Franz von einem Besuch in Bremen mitgebracht. | Dort war er mit seinem Cousin, | einem treuen Fan des dortigen Fußballklubs, | nach einem Spiel in so einer Kneipe gewesen. | Er hatte davon geschwärmt, wie toll das war. | „Könnt ihr euch das für uns vorstellen?“, hatte er sie dann gefragt. | Vorstellen konnten sie sich das schon ... 93

1. ***a)*** *Lass dir den Text diktieren, korrigiere ihn anhand der Vorlage und erstelle eine Fehleranalyse.*
b) *Notiere dir die Schwerpunkte aus dem Bereich Zeichensetzung, die du besonders üben musst. Mögliche Schwerpunkte sind:*
- *Zeichensetzung bei wörtlicher Rede*
- *Komma bei vorangestelltem Nebensatz*
- *Komma bei eingeschobenem Nebensatz*
- *Komma bei Komparativ mit „als“*
- *Komma bei herausgehobenen Satzteilen*

2. *Schreibe deine Fehlerquellen bei der Kommasetzung in dein Heft, und zwar immer nur einen Schwerpunkt. Suche im Text die entsprechenden Beispiele heraus, notiere sie unter dem jeweiligen Punkt.*

Beispiel: Komma bei vorangestelltem Nebensatz:
Sollte man viel Geld bekommen, ... dann möchte man mehrere Monitore installieren, ...

3. *Du bist nun über deine Fehlerschwerpunkte und die dazugehörigen Kommaregeln informiert. Lies den Text auf deinem Arbeitsblatt noch einmal sorgfältig durch, präge dir jeweils einen Satz ein und schreibe diesen dann auswendig in dein Heft. Vergleiche nach dem Abschreiben Vorlage und Übung genau. Achte bei deiner Korrektur besonders auf die Zeichensetzung.*

4. *Untersuche den Text nun auf Rechtschreib- und Grammatikfehler. Arbeite den Regelteil eines Wörterbuchs durch, suche die entsprechenden Schwerpunkte auf und informiere dich über die Rechtschreibregeln, z. B. zu*
- *bezeichneten Längen (kühn)*
- *Schärfungen/Konsonantenverdopplungen (Jugendtreff)*
- *Fremdwörtern (illusionär)*
- *„das" und „dass"*

5. *Bilde mit folgenden Wörtern und Wortgruppen Sätze:*
und zwar, nämlich, insbesondere, zum Beispiel, das heißt
Beispiel: Ich gehe gern ins Kino, insbesondere sehe ich mir gern Kriminalfilme an.

6. *Schreibe einen Übungstext, in dem du vor allem Sätze mit den Problemen aus der Zeichensetzung bildest, die dir Schwierigkeiten bereiten. Mögliche Themen: Sportnachmittag, gemeinsames Zelten in den Ferien, Party (Geburtstag, Fasching, Sylvester).*
Lass dir diesen Text von deinem Lernpartner/deiner Lernpartnerin diktieren, korrigiert anschließend den Text gemeinsam.

7. *Schreibe ein Gespräch auf, das du mit einem Freund/einer Freundin geführt haben könntest. Verwende dabei Sätze in wörtlicher Rede.*
Beispiel: Gestern rief mich Meike an: „Ich habe einen Film gesehen, der dir auch gefallen könnte ..."
Weitere Themen: Schülercafés, Jugendhäuser, Open-Air-Veranstaltungen usw.

Ein Kater mit Doppelleben

Basil, ein britischer Kater, führte mehrere Jahre lang ein Doppelleben. | Tags-
über ließ er sich unter dem Namen „Basil“ | von der Familie eines Bankan-
gestellten verwöhnen, | abends spazierte er ins Nachbarhaus, | wo er – nun-
mehr als „Tom“ – | mit einer kräftigen Mahlzeit begrüßt wurde. | So ging
es dem Kater jahrelang prächtig, | er setzte dank doppelter Verpflegung
reichlich Speck an | und wurde von beiden Familien als „ihr“ Kater betrach-
tet. | Die Tatsache, dass er immer dicker wurde, | rief wohl bei beiden Fami-
lien den Verdacht hervor, | dass er sich noch woanders Futter beschaff-
te. | Ein Doppelleben vermutete aber niemand. | 91

Als die Familie von „Basil“ in ein anderes Haus umzog, | das vom bisherigen
Heim einige Straßen weit entfernt war, | wurde das Spiel des Katers ent-
larvt. | Um Basil an das neue Heim zu gewöhnen, | ließ ihn die Familie eine
Woche lang nicht aus dem Haus. | Die andere Familie meldete inzwischen
„Tom“ als vermisst. | Als Tom schließlich nach über einer Woche wieder auf-
tauchte, | erhielt er ein Halsband mit seinem Namen und mit der Adres-
se, | damit er nicht mehr verloren gehen konnte. | Am nächsten Morgen
kehrte er wie gewohnt zu seiner Tagesfamilie zurück: | Sein Doppelleben
war zu Ende. 95

Im Nationalpark

Man muss nicht in die Ferne fliegen – nach Teneriffa, auf die Balearen oder nach Kuba –, | auch in Deutschland lässt sich Urlaub machen. | Der Nationalpark Bayerischer Wald, | ein Schutzgebiet internationalen Ranges, | umfasst eine Fläche von 24 000 Hektar. | Hier soll die größte vom Menschen unbeeinflusste Waldfläche Europas entstehen, | erlebenswert zu jeder Jahreszeit. | Im Sommer lädt eine Vielzahl von Wanderwegen zur Erkundung der unberührten Natur ein, | im Winter geben zahlreiche gespurte Loipen Gelegenheit, | den Zauber eines stillen Winterwaldes auf sich wirken zu lassen. | Viele Tierarten, die in den letzten Jahrtzehnten vom Aussterben bedroht waren, | sollen hier langsam wieder heimisch werden: der Wolf und der Luchs, | auch Bären können – geschützt vor ihrem größten Feind, dem Menschen – | hier ungestört leben. | 115

Am Rande des Nationalparks | bieten Ferien- und Freizeitparks Unterhaltungsmöglichkeiten für Kinder und Erwachsene. | In höheren Lagen, vor allem auf dem Arber, | der höchsten Erhebung des Bayerischen Waldes, | gibt es im Winter Schnee in Hülle und Fülle. | Abwechslungsreiche Abfahrten, die großenteils auch nachts befahren werden können, | stehen Anfängern wie Fortgeschrittenen zur Verfügung. 51

In der Sauna

Im Sommer, wenn es richtig warm ist und alle Menschen Abkühlung suchen, | ist es in der Sauna am schönsten. | Nicht, dass es dann dort die ersehnte niedrige Temperatur gäbe, | aber Ruhe und viel Platz sind zu finden. | Deshalb ist die Sauna im Sommer viel angenehmer als im Winter. | Natürlich wird sie deswegen nicht gesünder. | Im Winter ist der Wechsel zwischen Aufheizen und Abkühlen eigentlich wichtiger, | um Infektionen vorzubeugen und das Kreislaufsystem zu trainieren. | Aber Entspannung und Erholung sind in einer leeren sommerlichen Sauna viel stärker zu spüren. | Dann kann man sich richtig fallen lassen und in sich selbst versinken. | Man kann sich den Platz im Schwitzraum aussuchen, | sich vielleicht sogar lang hinlegen oder ein wenig schlafen. | Im Ruheraum stören nicht irgendwelche Geschäftsgespräche die Lieblingslektüre. | Da zur Sauna auch ein Freibad gehört, | kann man im strahlenden Sonnenschein noch einige Bahnen schwimmen, | ohne sich Frostblasen zu holen. | 145

So lassen sich Ruhe, Entspannung | und das gute Gefühl, sich bewegt zu haben, | miteinander verbinden. | Im Winter profitiert man davon, | denn man ist weniger anfällig gegen Erkältungskrankheiten. | Und wenn die Sauna dann so richtig brechend voll ist, | kommt die Erinnerung an die schönen Saunatage im Sommer(,) | und man kann von kommenden träu- 52
men.

1. ***a)*** *Lies zunächst den ganzen Text sorgfältig durch, lies dann jeden Satz noch einmal und schreibe ihn aus dem Kopf in dein Arbeitsheft.*
   b) *Vergleiche Vorlage und Abschreibeübung miteinander, markiere eventuelle Fehler.*

2. *Schreibe die Fehlerwörter in richtiger Schreibweise in dein Heft. Bilde mit diesen Wörtern jeweils einen Satz und notiere ihn daneben.*

3. ***a)*** *Unterstreiche im Text alle Wörter, die dem Bereich der Getrennt- und Zusammenschreibung zuzuordnen sind.*
   b) *Schreibe diese Wörter oder Wortgruppen heraus. Bilde mit ihnen Sätze und verwende die Wörter und Wortgruppen in einem anderen Zusammenhang als im Text.*

4. ***a)*** *Wiederholt in eurer Arbeitsgruppe (vier Schüler/innen) die Regeln für die Getrennt- und Zusammenschreibung. Dazu bekommt jeder Schüler / jede Schülerin einen bestimmten Schwerpunkt übertragen:*
- *trennbare und untrennbare Zusammensetzungen*
- *Verbindungen mit einem Verb als zweitem Bestandteil*
- *Verbindungen mit einem Adjektiv oder Partizip als zweitem Bestandteil*
- *Besonderheiten der Getrennt- und Zusammenschreibung bei Nomen und Präposition (und bei Ableitungen auf -er, wenn sie Personen bezeichnen).*

b) *Trage deine Arbeitsergebnisse in der Gruppe vor, sodass alle Gruppenmitglieder davon profitieren.*

5. ***a)*** *Schreibt nun den Text als Partnerdiktat und korrigiert dann gemeinsam.*
b) *Ermittle deine Fehlerschwerpunkte in der Getrennt- und Zusammenschreibung.*
c) *Schreibe, ausgehend von der Wiederholung des Stoffes in Aufgabe 4, ein eigenes Diktat. Nutze dazu Wortmaterial aus dem Regelteil.*

6. ***a)*** *Unterstreiche im Text die Sätze, die einen erweiterten Infinitiv mit „zu" enthalten.*
b) *Wiederhole, wann bei erweitertem Infinitiv mit „zu"*
- *ein Komma gesetzt werden muss,*
- *ein Komma gesetzt werden kann.*

7. *Was hältst du von den Überlegungen des Schreibers zu einem Saunabesuch im Sommer? Wie hältst du dich körperlich fit, wie beugst du Erkältungskrankheiten vor?*
Stellt eine Wandzeitung mit Fotos darüber zusammen, wie ihr euch fit halten könnt. Erklärt in Bildlegenden die Übungsart und nennt die gesundheitlichen Auswirkungen. Ihr könntet auch Gymnastik- oder Jogginggruppen bilden.

Vom alltäglichen Leichtsinn

Die Alpen gehören zu den beliebtesten Ferienzielen in Mitteleuropa. | Zigtausende verbringen ihren Sommer- oder Winterurlaub | im deutschen, österreichischen, Schweizer oder französischen Teil des Hochgebirges. | Oftmals werden dabei die Gefahren, | die ein Aufenthalt in dieser Region mit sich bringt, | außer Acht gelassen. |
Eigentlich dürfte es jedem bekannt sein, | dass Temperaturen mit zunehmender Höhe abnehmen, | etwa um ein Grad auf hundert Meter, | das nennt man geothermische Höhenstufe, | und dass Wetterstürze im Gebirge keine Seltenheit sind. | Also heißt es, sich diesen Gegebenheiten anzupassen: | Warme Kleidung, | zumindest ein Anorak mit Kapuze, ein Pullover, ein Paar Handschuhe, | gehört auf jeden Fall in den Rucksack. | Das Schuhwerk sollte Profilsohlen haben(,) | und eine lange Hose schützt die Beine vor intensiver Sonnenbestrahlung. 114

1. ***a)*** *Schreibe den Text ab, lass jeweils eine Zeile frei.*
b) *Markiere alle Kommas und notiere in der Zeile darunter, warum das Komma jeweils gesetzt werden muss.*
Beispiel: ... im deutschen, österreichischen, Schweizer oder ...
Aufzählung Aufzählung

2. ***a)*** *Grenze im folgenden Text die Sätze durch Satzschlusszeichen voneinander ab. Schreibe dann den Text Satz für Satz in dein Heft ab, lass dabei jeweils eine Zeile frei. Ergänze alle übrigen Satzzeichen.*
Wenn man mit dem Lift auf die Aiguille du Midi die südliche Spitze des Montblanc-Massivs in 3800 Meter Höhe hinauffährt etwa von Chamonix aus nimmt die Temperatur ungefähr um 20 Grad ab in der Höhe liegt Schnee und der Wind bläst heftig aber nicht wenige Touristen laufen mit Sandalen Shorts T-Shirt oder Sweatshirt herum sogar kleine Kinder zumindest eine Erkältung ist so vorprogrammiert wirklich gefährlich wird es wenn sich die Leute in dieser unzweckmäßigen Garderobe auf dem Gletscher bewegen oder jenseits markierter Routen in den Bergen unterwegs sind die Ärzte in den Krankenhäusern könnten so manche Geschichte über den Leichtsinn Verunglückter schreiben Verstauchungen Knochenbrüche Erfrierungen gehören genauso zum Praxisalltag wie schwere Kopf- oder Wirbelsäulenverletzungen.

b) *Unterstreiche die Hauptsätze rot und die Nebensätze blau. Nummeriere die Sätze und zeichne unter jeden Satz das entsprechende Satzbild.*
Beispiel: ————, …………, ————
HS NS HS

c) *Begründe auch die anderen Kommas, die im Text gesetzt werden müssen. Verfahre dabei wie in Aufgabe 1 b).*

3. *Unterstreiche im Text „Vom alltäglichen Leichtsinn" und im Übungstext zur Aufgabe 2 a) alle Fremdwörter. Schreibe sie untereinander in dein Heft und notiere daneben die deutsche Entsprechung.*
Beispiel: Region – Gegend, Bereich
Schlag im Zweifelsfall in einem Wörterbuch nach.

4. *Schreibe folgende Fremdwörter untereinander in dein Heft, und zwar so, dass du die deutsche Entsprechung danebenschreiben kannst.*
Adre(s)e, A(n)once, A(p)arat, Ba(s)in, Bi(l)ard, Bi(t)umen, De(l)ikate(s)e, De(n)unziant, Fa(s)on, Ga(l)erie, He(m)isphäre, I(l)usion, Ko(m)ode, Ko(r)ektur, La(m)e(t)a, Mo(k)a(s)in, Pra(l)ine, Re(s)ort, Te(r)a(s)e, Te(r)i(n)e
Beispiel: Adresse – Anschrift
Annonce – …

5. ***a)*** *Sammle Fremdwörter zu verschiedenen Sachgebieten, zum Beispiel zu Wintersport, Abenteuer- oder Trendsportarten, Mode/Kleidung, Urlaub/Reisen.*
Wähle zwei Gebiete aus und notiere dir zu jedem etwa zehn Wörter in dein Heft.
b) *Schreibe mit diesen Wörtern einen Übungstext, der als Diktat verwendet werden kann.*

6. ***a)*** *Verfasse zusammen mit deinem Lernpartner/deiner Lernpartnerin einen Zeitungsartikel, in dem ihr über neueste Modetrends, mögliche Abenteuerreisen oder -sportarten berichtet.*
b) *Kontrolliert, ob die Fremdwörter richtig geschrieben und sinnrichtig gebraucht worden sind. Achtet auf Rechtschreibung und Zeichensetzung.*

Computerspiele

An und für sich bin ich kein Freund von Computerspielen. | Nicht, weil ich sie für uninteressant halte oder weil ich nicht gern spiele, | sondern weil ich eigentlich keine Zeit dafür habe. | Natürlich besitze ich einige wenige Spiele(,) | und neulich habe ich ganz gegen meinen Willen ein weiteres erworben. | Es lachte mich an. | Es lag ganz allein im Geschäft und tat mir leid. | Wie ich leider erst später bemerkte, war das Teil eines ausgefeilten Plans. | Nachdem ich mitleidig das arme Spiel erworben hatte, | zwang es mich, es auf dem Rechner zu installieren. | Dabei merkte ich erst, | dass im Ganzen sieben Spiele in der Verpackung verborgen waren. | Niemals hätte ich mit dieser Hinterlist gerechnet. | Nachdem ich so Opfer meines Mitleids geworden war, | bewahrheiteten sich meine schlimmsten Befürchtungen. | 124

Es begann alles ganz harmlos. | Nach einem schönen bunten Einführungstext begann der Kampf mit völlig unfähigen Spielfiguren. | Selbst mein brillanter Geist | konnte nicht alle Fallstricke und Verwicklungen vorhersehen, umgehen und vermeiden. | Situation um Situation wurde meine Lage unübersichtlicher. | Nur sehr langsam konnte ich mich in der Spielgeschichte vorantasten. | Endlich, nach zwei langen Abenden, | hatte ich anscheinend einen sinnvollen Ansatz gefunden, um die Handlung voranzutreiben. | Aber der erwies sich dann als falsch; | das Spiel war wohl ganz anders programmiert. | Leider kann man eben mit Computerspielen nicht reden. | Also habe ich einfach entschieden, dass ich gewonnen habe. | – Und im Übrigen mag ich keine Computerspiele. 101

***1. a)** Wie äußert sich der Verfasser des Textes zum Umgang mit Computerspielen? Notiere seine Ansicht in Stichworten.*
***b)** Welches Stilmittel (rhetorisches Mittel) verwendet der Schreiber? Was will er damit vermutlich erreichen? Unterstreiche die Textstellen, in denen dieses Stilmittel zum Ausdruck kommt.*
***c)** Wie deutest du in diesem Zusammenhang den ersten und den letzten Satz?*

***2. a)** Lies den Text auf deinem Arbeitsblatt noch einmal ganz durch. Präge dir dann den Text satzweise ein und schreibe die einzelnen Sätze auswendig in dein Heft.*

b) Vergleiche Ausgangstext und Abschreibeübung sorgfältig miteinander, markiere eventuelle Fehler und schreibe die markierten Wörter in richtiger Schreibweise in dein Heft.
c) Bilde zu jedem Fehlerwort je zwei Ableitungen oder Zusammensetzungen.

3. *Korrigiere deine Kommafehler, indem du jeweils den ganzen Satz abschreibst und das richtig gesetzte Komma rot markierst.*

4. *Begründe für jeden Satz des Textes, warum ein Komma gesetzt werden muss, nicht gesetzt werden darf oder gesetzt werden kann.*
Beispiel: 1. Satz: Hauptsatz – kein Komma
2. Satz: Nicht, weil ... oder weil ..., sondern weil ...
Verkürzter HS – Komma vor und nach zwei eingeschobenen Nebensätzen; zusätzliche Begründung für das zweite Komma: Vor „sondern" steht immer ein Komma.

5. *a) Im Text kommen einige Fremdwörter vor. Unterstreiche diese Wörter und schreibe sie dann in dein Heft.*
b) Bilde mit zwei Fremdwörtern deiner Wahl Wortfamilien.
Beispiel: uninteressant, sich interessieren, Interesse, ...
Veranstaltet einen Wettbewerb, wer die größte Wortfamilie findet.

6. *Begründe die Großschreibung bei „im Ganzen" und „im Übrigen". Wann werden diese Wörter kleingeschrieben? Formuliere Beispielsätze.*

7. *Schreibe über deine Erfahrungen mit dem Computer einen Text, der als Übungsdiktat für eine Partnerübung oder in einer Arbeitsgruppe verwendet werden kann. Verwende dabei Wörter, die dir keine Rechtschreibprobleme bereiten. Nutze auch Nachschlagewerke.*

8. *Köpfchen gegen Knöpfchen-Spiele: Was sind gute, was schlechte Computerspiele? Stellt Kategorien zusammen und erläutert sie anhand von Beispielen. Interessante und anspruchsvolle Computerspiele könnt ihr im Computerraum vorführen.*

Beim Zahnarzt

Die meisten Menschen gehen nicht gern zum Zahnarzt. | Die Angst davor, dass an den Zähnen gebohrt wird, ist bei vielen groß, | denn sie wissen, dass selbst regelmäßiges Putzen diese Gefahr nicht völlig ausschließt. | Voller Unruhe liegen sie im Zahnarztstuhl und hoffen, | dass die Kontrolle der Zähne nichts Schlimmes ergibt. |
Anders ist es, wenn man Zahnschmerzen hat. | Dann ist der Gang zum Zahnarzt die einzige Rettung, um das Übel loszuwerden. | Trotzdem löst der Anblick von Bohrer und Haken beim Patienten oft Befürchtungen aus, | ob zu den vorhandenen Schmerzen | durch das Hantieren des Arztes nicht noch weitere hinzukommen werden. | Dann möchte mancher am liebsten davonlaufen, | aber der Stuhl mit seinen Vorrichtungen | und der Zahnarzt mit seinen Instrumenten verhindern jegliches Fluchtvorhaben. | Also bleiben nur stilles Dulden, | aber auch das Hoffen, dass bald alles vorbei ist, | und der Entschluss, nun doch lieber öfter mal zum Zahnarzt zu gehen. |
Oftmals bleibt es jedoch bei den guten Vorsätzen. | Ohne Schmerzen rücken Zahnarzt, Bohrer, Haken und Stuhl in weite Ferne. | Manchmal meldet sich vielleicht das schlechte Gewissen. | Wir erinnern uns an Unangenehmes, an Zahnschmerzen und daran, | dass wir es nicht wieder so weit kommen lassen wollten. 189

1. a) *Lies den Text sorgfältig durch, zunächst ganz, dann satzweise. Präge dir jeweils einen Satz ein und schreibe ihn dann auswendig in dein Arbeitsheft.*
b) *Korrigiere abschließend deine Abschreibeübung durch Vergleichen mit der Vorlage und markiere eventuell vorhandene Fehler.*

2. a) *Welchem Rechtschreibphänomen sind deine Fehler zuzuordnen?*
- *Flüchtigkeitsfehler*
- *Groß- und Kleinschreibung*
- *Getrennt- und Zusammenschreibung*
- *Schreibung von „das" oder „dass"*
- *Kommafehler*
- *Stammschreibung*
- *Flexionsfehler*

__b)__ Schreibe die Fehlergruppen, die für dich zutreffen, untereinander in dein Arbeitsheft, aber jeweils mit zwei Leerzeilen.
__c)__ Trage deine Fehlerwörter in richtiger Schreibweise in diese Übersicht ein.
__d)__ Bilde zu jedem Wort zwei Zusammensetzungen oder Ableitungen.
Beispiel: Zahnarzt – Hausarzt, Arzttermin
ärztlich, verarzten

3. *Bildet Gruppen mit je vier Schülerinnen und Schülern. Schreibt nun den Text als Übungsdiktat in der Arbeitsgruppe.*
Diktiert den Text satzweise und wechselt euch dabei ab. Achtet darauf, dass auch der Schüler, der den jeweiligen Satz diktiert hat, genügend Zeit zum Nachschreiben erhält.

4. *__a)__ Korrigiert die Arbeiten in der Gruppe, wobei jeder das Blatt eines anderen Lernpartners/einer anderen Lernpartnerin erhält.*
__b)__ Zum Schluss wertet jeder sein eigenes Diktat nach Fehlerarten aus. Verfahrt dabei wie bei Aufgabe 2.

5. *Schreibe einen Aufsatz zum Thema „Wie es mir beim Zahnarzt erging" und gib dabei deine Eindrücke wieder.*
Vielleicht findest du aber auch eine andere Überschrift, die dir besser gefällt. Notiert euch verschiedene mögliche Überschriften und diskutiert in der Klasse, ob eure Vorschläge geeignet sind. Anschließend verfasst jeder zur Überschrift seiner Wahl den Aufsatz.

6. *Schreibe deinen Aufsatz in ein Diktat um. Verwende dazu Erkenntnisse, die du bei Aufgabe 2 gesammelt hast.*
Bitte deinen Deutschlehrer/deine Deutschlehrerin darum, dein Übungsdiktat zu korrigieren. Werte es anschließend wie bei Aufgabe 2 aus.

Eine gute Idee

Kürzlich lasen wir von einem Projekt, | das Schülerinnen und Schüler, Elternvertreter, engagierte Lehrkräfte | und der Berufsberater vom Arbeitsamt in der Realschule in H. organisiert hatten. | Die Reaktion, so hieß es, war einhellig positiv. | Das Projekt wird auch im nächsten Jahr durchgeführt. | Ausgehend von der Tatsache, | dass viele Schülerinnen und Schüler selbst am Ende der neunten Klasse | noch keine genauen Vorstellungen von ihrem zukünftigen Beruf haben, | wurde ein Berufsinformationstag geplant. | Eingeladen werden mussten, das war allen klar, | möglichst viele Vertreter von Einrichtungen, | die etwas mit Berufsausbildung zu tun haben. | Anfragen, Terminabsprachen, | Rückfragen, ob es bei den gegebenen Zusagen bleibt, | erste Kontakte mit den für die Berufsausbildung Zuständigen | in den verschiedensten Bereichen, | also die gesamte Vorbereitung der Veranstaltung, | das alles dauerte mehrere Wochen. | Dass es dabei auch Misserfolge geben kann, | das wurde den Organisatoren bald klar. | 134

Die weitere Planung erfolgte in der Schule. | Es wurde festgelegt, dass die „Berufsinformationsbörse" an einem Schultag stattfindet, | sozusagen als Exkursion für die neunten und zehnten Klassen. | Im oberen Stockwerk des Schulhauses | wurden die Klassenräume und die Seminarräume für den Unterricht festgelegt, | um Platz für acht bis zehn Informationsstände zu haben. | Die Schülerinnen und Schüler hatten die Möglichkeit, | wie bei einer Messe von Stand zu Stand zu gehen, | sich beraten zu lassen, Informationsmaterial mitzunehmen | und, das war der Idealfall, | vielleicht sogar einen Termin für ein Vorstellungsgespräch auszumachen. 86

***1. a)** Lass dir diesen Text diktieren. Korrigiere dein Diktat sorgfältig und nimm dabei ein Wörterbuch zu Hilfe. Markiere deine Fehler und übertrage sie in richtiger Schreibweise in deine Fehlerkartei.*
***b)** Ermittle deine Fehlerschwerpunkte und lies im Regelteil deines Wörterbuchs die entsprechenden Rechtschreibregeln nach.*

***2. a)** Wiederhole mithilfe deines Sprachbuchs oder deines Wörterbuchs die Rechtschreibregeln von „das" und „dass".*
***b)** Zu welcher Wortart kann „das" gehören, zu welcher gehört „dass"? In welchen Fällen steht vor „das" und „dass" ein Komma?*

3. *Markiere in deinem Diktattext „das" und „dass". Bestimme jeweils die Wortart und begründe gegebenenfalls die Kommasetzung.*

4. *Schreibe den folgenden Text in dein Heft ab und ergänze dabei die Lücken. Bei Unsicherheit kannst du die Ersatzprobe anwenden: Wenn man „dieses", „jenes" oder „welches" einsetzen kann, schreibt man „das" mit nur einem -s.*
Ich habe gehört, da–?– du einen Unfall hattest. Da–?– tut mir sehr leid. Du weißt, da–?– ich dir gern helfen will. Du musst mir da–?– nur sagen. Es ist selbstverständlich, da–?– ich im Unterricht für dich mitschreibe. Wir haben auch besprochen, da–?– wir mit dir den Stoff durcharbeiten. Da–?– ist für uns gar kein Problem, da–?– kannst du mir glauben.

5. ***a)*** *Schreibe den ersten Teil der Textvorlage ohne Kommas in dein Heft ab. Lege die Vorlage beiseite und arbeite ausschließlich mit diesem Text.*
b) *Bestimme die Haupt- und Nebensätze, unterstreiche sie in verschiedenen Farben. Setze nun die Kommas zwischen diesen Sätzen.*
c) *Überlege, ob es im Text noch weitere Gründe gibt, Kommas zu setzen, zum Beispiel:*
- *Aufzählungen*
- *erweiterte Infinitive mit „zu" ...*

Setze auch diese Kommas. Vergleiche sie mit der Vorlage, stelle fest, ob deine Überlegungen richtig waren und ob du alle Kommas gesetzt hast.

6. ***a)*** *Unterstreicht alle Fremdwörter in der Textvorlage und diktiert sie euch gegenseitig. Schreibt neben jedes Fremdwort wenigstens zwei Ableitungen oder Zusammensetzungen der jeweiligen Wortfamilie.*
Beispiel: Projekt – projizieren, Projektor, Projektion; Projektleiter ...
b) *Erklärt die gefundenen Fremdwörter vor der Klasse und formuliert mit je einem Wort aus einer Wortfamilie einen Satz.*

7. *Bereitet in Absprache mit dem Deutschlehrer oder dem Klassenleiter eine Diskussionsrunde zur Berufsvorbereitung vor. Dazu könnt ihr auch den Beratungslehrer der Schule und den zuständigen Berufsberater einladen. Anregungen hierzu könnt ihr dem Diktat „Der Berufsinformationstag" (S. 114) entnehmen.*

Der Berufsinformationstag

Ziemlich schnell war man sich darüber klar, | wen man zum Berufsinformationstag einladen wollte. | Die Schwierigkeiten bestanden darin, Kontakte herzustellen, | Beziehungen der Eltern und Lehrer zu ermitteln und diese schließlich geschickt zu nutzen. |
Ein offenes Ohr für ihr Anliegen fanden die Organisatoren sofort bei der Bundeswehr. | Der für Jugendarbeit verantwortliche Offizier eines nahe gelegenen Standorts | arbeitete seit Jahren eng mit der Schule zusammen. | Auch soziale Dienste sahen in dem Vorhaben der Schule eine gute Gelegenheit, sich vorzustellen | und über die eigene Arbeit sowie über mögliche Ausbildungsrichtungen zu sprechen. | An weiteren Informationsständen unterhielten sich Vertreter der Industrie- und Handelskammer, | des Verbandes der Mittelständischen Unternehmer, | aber auch namhafter Firmen des benachbarten Industriestandorts mit den Schülern. | Ebenso erwiesen sich die Mitarbeiter von Krankenkassen, | von Bank- und Kreditinstituten und von Handwerksbetrieben | als kompetente Gesprächspartner. | 129

An einem weiteren Stand diskutierten Lehrkräfte eines beruflichen Gymnasiums mit interessierten Jugendlichen. | Der Vertreter einer keramischen Fachhochschule stellte Berufsbilder und -chancen vor(,) | und von der Universität war eine Mitarbeiterin für Studienangelegenheiten gekommen. |
Manche Schüler möchten nach dem Realschulabschluss eine weiterführende Schule, | zum Beispiel ein Gymnasium, besuchen, | weil sie sich für ein Hochschulstudium auf medizinischem, technischem, | pädagogischem oder einem anderen Gebiet interessieren. 61

1. ***a)*** *Lies den Text aufmerksam durch, präge dir jeweils einen Satz ein und schreibe ihn in dein Heft.*
b) *Korrigiere die Übung in Partnerarbeit und ermittle deine Fehlerschwerpunkte. Wiederhole die entsprechenden Regeln im Regelteil deines Wörterbuchs.*

2. ***a)*** *Schreibe den Text zunächst ohne Kommas in dein Heft ab. Arbeite anschließend mit dem Text, und zwar ohne die Vorlage.*
b) *Bestimme die Hauptsätze und die Nebensätze, unterstreiche diese verschiedenfarbig. Setze nun die Kommas.*

c) Überlege, ob es im Text noch weitere Gründe gibt, Kommas zu setzen, zum Beispiel: Aufzählungen, erweiterte Infinitive mit „zu" ... Setze auch diese Kommas, vergleiche sie nun mit der Vorlage und stelle fest, ob deine Überlegungen richtig waren und ob du alle Kommas gesetzt hast.

3. *Im Diktat kommen einige Eigen- und Gattungsnamen vor.*
a) Unterstreiche diese Wortgruppen und informiere dich im Regelteil deines Wörterbuchs über die Schreibweise von Eigennamen und von Gattungsnamen.
b) Schreibe die folgenden Wortgruppen richtig in dein Heft.
ein Besuch im (w)eißen Haus, eine Wanderung durchs (h)essische Bergland, ein Ausflug zur (b)lauen Grotte auf Capri, Vorbereitungen für den (h)eiligen Abend, der (s)ächsische Landtag, die Richter beim (o)bersten Gerichtshof, eine Spende für den (w)eißen Ring, ein Aufenthalt hinter (s)chwedischen Gardinen, nach dem (o)hmschen Gesetz, eine (n)orwegische Ölplattform
c) Verwende jede Wortgruppe in einem Satz.

4. *Getrennt- und Zusammenschreibung: der Bindestrich*
a) Schreibe aus dem Diktat alle Fügungen heraus, die mit einem Bindestrich geschrieben werden.
b) Informiere dich im Regelteil eines Wörterbuchs darüber, wann bei Wortgruppen ein Bindestrich zu schreiben ist und wann nicht.
c) Schreibe die folgenden Wortgruppen richtig in dein Heft.
splitter/faser/nackt, 15/und/16/jährige Schüler, die Hoch/Zeit der griechischen Antike, das T/Shirt meiner Freundin, die Wolfgang/Amadeus/Mozart/Straße, das Bremer/Weser/Stadion, eine Reise an die Côte/d'/Azur, das In/den/April/Schicken, die Mund/zu/Mund/Beatmung, der Rhein/Main/Donau/Schifffahrts/Kanal

5. *In diesem Diktattext und im Diktat „Eine gute Idee" (S. 112) geht es um die Berufsvorbereitung an einer Schule.*
a) Schreibe einen eigenen Artikel über die Berufsvorbereitung an deiner Schule. Veröffentliche deine Meinung in einer Wandzeitung.
b) Beratet euch mit den zuständigen Leuten an eurer Schule, ob ihr mit eurer Klasse ein ähnliches Projekt durchführen könntet.

Lösungshinweise

Seite 12, Aufgabe 3: (Beispiele) schmecken: Geschmack, geschmackvoll, geschmacklos, abschmecken; Bank (die Bänke/die Banken): Banker, Kreditbank, Bankkonto, Parkbank, bankrott; schließen: Schluss, schließlich, abschließen, abschließend, Geschäftsschluss, Schlussstrich; Platz: platzieren, Platzregen, Marktplatz, Platzverweis; gießen: aufgießen, Guss, Gussform, Gießkanne; hacken: häckseln, abhacken, (die) Hacke, (der) Hacker, Hackebeil; kühlen: kühl, (die) Kühle, abkühlen, Kühlschrank, Kühlaggregat.

Seite 15, Aufgabe 3 a: Onkel, Orakel, Pflock, Rakete, emporranken, Geschenk, Wirkstoff, Werkbank, Winkelmesser, Parkbank, Merksatz, Narkose, Barke, Enkel, flicken, kalkweiß, Gebälk, Balkon, Orkan, links, wanken, Falke, wickeln, backen, Gepäck; **Aufgabe 4:** witzig, Katze, winzig, Warze, herumspazieren, Matratze, Pfütze, einritzen, herauskitzeln, Mezzosopran, ätzend, jetzt, Sitzreihe, Bärentatze; **Aufgabe 6 a:** Es gibt Menschen, die kommen einfach überall gut an. Ihr Händedruck ist weder lasch und feucht noch fest wie ein Schraubstock, sie klopfen auch nicht jedem auf die Schulter und sind mit Hinz und Kunz per Du, sondern treten eben selbstbewusst und vielleicht sogar ein bisschen distanziert auf. Aber sie verbreiten Fröhlichkeit um sich, wissen nette kleine Bemerkungen im richtigen Moment an die richtige Frau oder den richtigen Mann zu bringen, zieren sich nicht lange, wenn sie um Rat gebeten werden, und drängen andererseits auch nicht ihrem Nachbarn ihre Meinung auf. Sie werden von ihren Mitmenschen geschätzt, weil sie Rücksicht nehmen und sich trotzdem durchsetzen können, weil sie ihre Meinung ändern können, ohne in ihrem Stolz verletzt zu sein. Sie müssen nicht angeben, sie können damit leben, dass sie nicht alles wissen, sie akzeptieren ihre Grenzen. Sie verfügen im Sinne des Wortes über Selbstbewusstsein: Sie sind sich im Innersten ihres Wertes bewusst.

Seite 19, Aufgabe 4 a: (Beispiele) Kristallglas, Pressglas, Fensterglas, Qualitätsglas, Sicherheitsglas, Trinkglas, Teeglas; Glasschale, Glasfaser, Glashütte, Glasstraße, Glaskugel, Glassplitter, Glasnudeln; **Aufgabe 4 c:** Mit glasigem Blick starrte er ins Dunkel (glasig: ausdrucksloser, starrer Blick). Sie bevorzugt gläserne Backformen (gläsern: aus Glas). **Aufgabe 5:** Glas (Plural: Glasen): halbe Stunde in der Seemannssprache: Es schlug acht Glasen.

Seite 21, Aufgabe 4 a/ b: 1. Wusstest du, dass (Konjunktion) einige kegelförmige Berge in Deutschland vor langer Zeit ebenfalls Vulkane gewesen sind? 2. Dass (Konjunktion) die Scheitelbereiche der mittelozeanischen Rücken aus geologischer Sicht beständig Magma ausstoßen, das (Demonstrativpronomen) ist wissenschaftlich erwiesen; zum Beispiel haben das (Demonstrativpronomen) Untersuchungen im Roten Meer ergeben. 3. Das (Artikel) Magma, das (Relativpronomen) aus den Riftzonen austritt, bildet neuen Ozeanboden. 4. Bewiesen ist auch, dass (Konjunktion) Ozeanboden in den Verschluckungszonen abtaucht und in größeren Tiefen wieder aufgeschmolzen wird. 5. Den Plattengrenzen, das (Demonstrativpronomen) sind die mittelozeanischen Rücken und die Verschluckungszonen, kommt im Prozess der Plattentektonik besondere Beachtung zu. **Aufgabe 5:** die Straße, ich weiß es, der Kongress, viele Erlebnisse, der Ruß, gießen, eins, weisen/weißen, grüßen, die Weisung, das Hindernis, sprießen, der Meißel, du misst, die Liste, nass.

Seite 23, Aufgabe 4 a: Das (1) ist das (2) Haus, das (3) meine Eltern vor kurzem gekauft haben. Besonders freue ich mich darüber, dass (4) mein Bruder und ich nun ein eigenes Zimmer haben werden. Das (5) Dachgeschoß, das (6) aus zwei Zimmern mit einer Kochecke und einem kleinen Bad besteht, werden wir erst in einigen Jahren ausbauen. Das (7) Grundstück ist zwar nicht gerade übermäßig groß, aber der Platz vor der Terrasse reicht doch aus, dass (8) wir einen kleinen Teich mit Seerosen anlegen können. Wer weiß, vielleicht können wir ein paar Frösche ansiedeln, sodass (9) an warmen Sommerabenden ein Froschkonzert vor unserem Haus ertönt. Statt eines Rasens wollen wir lieber eine Wiese ansäen, das (10) bedeutet weniger Pflege und mehr Spaß. **Aufgabe 4 b:** (1) Demonstrativpronomen, (2) bestimmter Artikel, (3) Relativpronomen, (4) Konjunktion, (5) bestimmter Artikel, (6) Relativpronomen, (7) bestimmter Artikel, (8) Konjunktion, (9) Konjunktion, (10) Demonstrativpronomen.

Seite 26, Aufgabe 3: Heutzutage glauben viele, Computer und Internet seien Helfer in allen Lebenslagen. Schließlich fände man dort Auskunft zu fast allen Fragen. Zu bestimmten Aufgaben und Themen gebe es Materialsammlungen, Fachartikel und Aufsätze, die man abrufen könne. Aber damit beherrscht noch niemand den Stoff. Informationen muss man auswählen, je nach Bedarf; Wissen muss man sich aneignen. Das geschieht kaum durch bloßes Lesen. Als brauchbares Vorgehen beim Lernen erweist sich ein Dreierschritt: Lesen der Informationen, zum Beispiel im Schulbuch, Wiederholen anhand von Stichpunkten und schließlich Übungen im freien Sprechen zur Kontrolle, ob man das Gelernte beherrscht.

Seite 28, Aufgabe 3 b: gestern Morgen, am späten Nachmittag, heute früh, eines Tages, vorgestern Abend, jeden Dienstag, immer wieder sonntags, heute Nacht, am Mittwoch, eines Morgens.

Seite 29, Aufgabe 5: 1. Man sagt, dass Irren menschlich sei. 2. An der Tankstelle ist Rauchen verboten. 3. Ein Sprichwort lautet: Am Lachen erkennt man den Narren. 4. In der Nacht ist das Überfliegen von Städten in der Regel verboten. 5. Nur durch Üben wird man zum Meister. 6. Mit Erstaunen haben wir die Nachricht gehört. 7. Ihr Kommen war nicht zu überhören, Lachen und lautes Reden schallten durch das Haus. 8. Vor dem Schlafen hatten wir noch einige Aufgaben zu machen. 9. Ich wollte mich nur noch hinlegen, ausruhen und möglichst rasch einschlafen. **Aufgabe 7:** 1. dass; 2. das; 3. dass; 4. dass das; 5. das.

Seite 31, Aufgabe 3 c: ein beachtliches Wissen, auf Reisen.

Seite 35, Aufgabe 5: Aus Pressemitteilungen 1. Das Feiern und Tanzen schien kein Ende zu finden bei der diesjährigen Love-Parade. 2. An Kostümen und Verkleidungen gab es auch dieses Mal wieder viel Aufregendes zu sehen. 3. Viele Zuschauer fanden die unterschiedlich geschmückten Gesichter und Körper der Teilnehmer am interessantesten. 4. Die lauten Bässe der Technomusik brachten viele Lärmempfindliche zum Zucken. 5. Besorgnis erregend war das Randalieren Einzelner, wodurch die allgemein friedliche Stimmung beeinträchtigt wurde. 6. Für die Berliner Stadtreinigung waren die zurückgelassenen 200 Tonnen Müll etwas sehr Ärgerliches. 7. Auch die Polizei hatte an diesem Tag einiges zu tun: Während die Feiernden an nichts Böses dachten, wurde in ihren Reihen ein junger Mann erstochen.

Seite 39, Aufgabe 4: das ist mir ganz recht; er ist im Recht; von Rechts wegen; ich gebe dir Recht/recht; er hat Recht/recht behalten – ich bin es leid; es tut ihm leid; jemandem etwas zu Leide/zuleide tun; in Freud und Leid – auf die Sache Bezug nehmen; mit Bezug darauf; darauf Bezug nehmend – zur Seite stehen; seitens des Betriebes; von Seiten/vonseiten meiner Eltern – er hat einen schweren Stand; etwas instand/in Stand setzen; ich bin außer Stande/außerstande – ich für meinen Teil; an etwas teilhaben; einesteils; **Aufgabe 6:** im Wesentlichen, im Allgemeinen, im Folgenden, das und Ähnliches, zum Besten geben, aus dem Vollen schöpfen.

Seite 41, Aufgabe 4 a: inzwischen, oft, Dienstagnacht, Sonntag früh, damals, am Morgen, abends, freitagabends, morgens, spätestens, Vormittag, demnächst, übermorgen Nachmittag, am Abend, in der Nacht, sonntags, am Wochenende, vorgestern, gestern Abend, vorhin, am Spätnachmittag, nie, freitags.

Seite 43, Aufgabe 7: Den ganzen Abend über war es recht stürmisch. Erst nachts ließ der Wind allmählich nach. Am nächsten Morgen strahlte die Sonne und wir konnten von morgens bis spätabends im Garten bleiben. Über Mittag wurde es sogar richtig heiß. Zwar zogen nachmittags ein paar Wolken auf, aber am Abend waren sie wieder verschwunden. Die Nacht war lau und der Himmel war sternenklar. Hoffentlich ist das Wetter am Wochenende ähnlich. Wir wollen Sonnabendnachmittag zu Freunden fahren und dort bis Sonntag bleiben.

Seite 45, Aufgabe 4: Rotes Becken (China), Große Sandwüste (Westaustralien), Schwäbische Alb, böhmisches Bäderdreieck, friesische Dörfer, irische Butter, Schwarzes Meer, Schweizer Schigebiete, Hessisches Bergland, westfälischer Schinken, Libysche Wüste, nordamerikanische Indianer, Ostfriesische Inseln, kalifornischer Wein, Arabisches Meer, argentinische Rinder, Ostafrikanischer Graben, brasilianischer Regenwald, Südchinesisches Meer, Bayerischer Wald.

Seite 49, Aufgabe 4 a: Im Nachhinein war Jutta froh, dass sie diesen Morgen zu Fuß zur Schule gehen musste. Sie hatte die alte Dame schon so oft vom Fenster des Schulbusses aus gesehen, dass sie sich an sie erinnern konnte. Die Frau schien durchaus imstande/im Stande zu sein, allein ihren Weg zu gehen. Nur an diesem verregneten Morgen war es ihr wohl zu viel geworden. Der Wind peitschte die letzten Herbstblätter durch die Straßen und der Bus hatte zuletzt auch noch eine Panne. So schnell wie möglich hastete Jutta die Straße entlang, um nicht zu spät zu kommen, als sie die alte Frau am Boden liegen sah. So viele Passanten normalerweise um diese Zeit auf der Straße waren, so wenig Gesichter waren es heute. Jutta zog die Frau mit ihren ganzen Kräften hoch. Zutiefst erschrocken über ihren Sturz bedankte sich diese herzlich bei dem Mädchen. Sie nahm sich vor, bei ähnlichen Wetterverhältnissen von jetzt an so oft wie möglich den Bus zu nehmen.

Seite 51, Aufgabe 3 c: teilnehmen, standhalten (einer Sache standhalten; aber: etwas instand/in Stand halten), stattfinden, fehlschlagen, schlussfolgern.

Seite 55, Aufgabe 5: schnell laufen, krankschreiben, fernsehen, auswendig lernen, langweilen, vollenden, klar denken, kundgeben, fehlschlagen, richtig machen, leidtun, sauer sein, sauber halten, ruhig bleiben, heimbringen, bewusstlos schlagen

Seite 57, Aufgabe 4 b: zurückgekehrt, bekannt machen, darauf ankommen lassen; **Aufgabe 6:** (a) Als der Bankräuber zum Fluchtauto rannte, wurde er gefangen genommen. (b) Bei diesem schönen Wetter können wir noch ein bisschen spazieren gehen. (c) Du kannst noch eine Weile sitzen bleiben, denn der Zug hat Verspätung. (d) Du solltest ruhig bleiben; der Anschlusszug muss warten. (e) Wenn ich warten soll, kann ich rasend werden.

Seite 65, Aufgabe 5 a: informieren, interpretieren, aktualisieren, telefonieren, mechanisieren – Hektik, Mechanik, Optik, Akustik, Akrobatik, Mimik – Nation, Formation, Fraktion, Sensation, Isolation – informell, maschinell, manuell, aktuell, personell, ideell – Informant, Repräsentant, Ministrant, Sympathisant.

Seite 67, Aufgabe 7: Itaipu – Brasilien/Paraguay, Irkutsk – Russland, Assuan – Ägypten, Bratsk – Russland, Cabora Bassa – Moçambique, Hoover Dam – Colorado River/USA, Wolga – Russland.

Seite 81, Aufgabe 6: Einmal im Jahr gehen wir, Mutter, Vater, mein Bruder und ich, in den Tierpark. Dort sehen wir uns an, welche neugeborenen oder neu erworbenen Tiere es gibt. In diesem Jahr sind zwei Elefantenmädchen, Shaba und Samba, die große Attraktion. Sie haben dafür gesorgt, dass die Besucherzahl im Tierpark erheblich gestiegen ist. Alle wollen sehen, wie sich die Elefantenkinder entwickeln. Das Treiben der Elefanten ist aber auch sehr lustig, zum Beispiel, wenn sie mit dem Rüssel den Schwanz von Elefantenkühen anfassen.

Seite 83, Aufgabe 4: (3): Komma trennt HS und NS; (4): Ankündigungssatz, Doppelpunkt – Komma zwischen verkürztem HS und NS – Komma vor und nach eingeschobener Erläuterung; (6): Komma trennt NS und HS; (8): Kommas wegen Aufzählung; (10): Komma vor nachgestellter Erläuterung; (12): Komma zwischen zwei unverbundenen HS; (13): erstes und zweites Komma wegen eingeschobener Erläuterung, drittes Komma vor nachgestelltem Redebegleitsatz. **Aufgabe 6:** Das Problem bei dem nun gemieteten Saal besteht darin, dass eine Gruppe von Sicherheitskräften für den Abend benötigt wird. Die Treppe zum Saal führt mitten durch die Stockwerke mit den ausgestellten Möbeln: Da darf nichts passieren, nichts beschädigt werden, nichts wegkommen. Aber Nicole meint, das sei kein Problem, sie kenne Leute, die so etwas schon öfter gemacht hätten. Auch die Dekoration, Grünpflanzen und frische Blumen, müssen die Schüler stellen. Um Getränke, das ist vertraglich geregelt, kümmert sich der Restaurantleiter des Möbelhauses.

Seite 85, Aufgabe 5: Satzbilder: 1c, 4e, 5d, 7a, 9b; **Aufgabe 6 a:** (1) Anrede – HS – HS, (4) HS – HS – HS (= 1 Hauptsatz), (5) HS – HS (= 1 Hauptsatz), (7) HS – HS – NS – HS (= 1 Hauptsatz und 1 Nebensatz), (9) NS – HS – HS – HS (= 1 Hauptsatz und 1 Nebensatz).

Seite 89, Aufgabe 4: 1. Der Bademeister warnte uns davor, von den Beckenrändern ins Bassin zu springen. 2. Es geht darum, Unfälle zu verhüten. 3. Schließlich gebe es ja auch ein Sprungbecken, um jedem zu seinem Badespaß zu verhelfen. 4. Man solle nie springen, ohne vorher auf die Schwimmenden geachtet zu haben. 5. Es sei auch seine Aufgabe, Unfälle zu verhüten.

Seite 93, Aufgabe 6: In Klaras Klasse wurden als Reiseziele nicht nur England und Frankreich, sondern auch Italien und Spanien genannt. Einerseits wollten die jungen Leute ihre Sprachkenntnisse vertiefen, andererseits lockten aber auch die südlichen Länder mit ihrem subtropischen Klima. Je länger die Diskussion dauerte, desto ausgefallenere Reiseziele wurden genannt. Schließlich war man sich weder über ein Reiseland einig noch über die Reisezeit. Sowohl der Herbst als auch das Frühjahr waren im Gespräch. Mithilfe der Klassenlehrerin wurde zuletzt ein Kompromiss gefunden: Reisen wollte man im Frühjahr, und ob es nach Italien oder nach Frankreich geht, das wollte man von kostengünstigen Angeboten abhängig machen.

Seite 99, Aufgabe 4: Bertolt Brecht schreibt in seinem Drama „Leben des Galilei": „Das Denken ist das größte Vergnügen der menschlichen Rasse." Max ist da ganz anderer Meinung. Er knurrt auf die Bemerkung des Lehrers hin: „Da kann ich mir aber etwas Besseres vorstellen!" Goethe, Schiller, Heine, Brecht: Sie alle scheinen Weisheiten für alle Lebenslagen parat zu haben. Max überfällt bei der Behandlung klassischer Literatur oftmals ein unüberwindbares Leiden: chronische Müdigkeit.

Seite 106, Aufgabe 2 a: Wenn man mit dem Lift auf die Aiguille du Midi, die südliche Spitze des Montblanc-Massivs in 3800 Meter Höhe hinauffährt, etwa von Chamonix aus, nimmt die Temperatur ungefähr um 20 Grad ab. In der Höhe liegt Schnee und der Wind bläst heftig, aber nicht wenige Touristen laufen mit Sandalen, Shorts, T-Shirt oder Sweatshirt herum, sogar kleine Kinder. Zumindest eine Erkältung ist so vorprogrammiert. Wirklich gefährlich wird es, wenn sich die Leute in dieser unzweckmäßigen Garderobe auf dem Gletscher bewegen oder jenseits markierter Routen in den Bergen unterwegs sind. Die Ärzte in den Krankenhäusern könnten so manche Geschichte über den Leichtsinn Verunglückter schreiben. Verstauchungen, Knochenbrüche, Erfrierungen gehören genauso zum Praxisalltag wie schwere Kopf- oder Wirbelsäulenverletzungen.

Seite 107, Aufgabe 4: Adresse, Annonce, Apparat, Bassin, Billard, Bitumen, Delikatesse, Denunziant, Fasson, Galerie, Hemisphäre, Illusion, Kommode, Korrektur, Lametta, Mokassin, Praline, Ressort, Terrasse, Terrine.

Seite 113, Aufgabe 4: Ich habe gehört, dass du einen Unfall hattest. Das tut mir sehr leid. – Du weißt, dass ich dir gern helfen will. Du musst mir das nur sagen. – Es ist selbstverständlich, dass ich im Unterricht für dich mitschreibe. – Wir haben auch besprochen, dass wir mit dir den Stoff durcharbeiten. – Das ist für uns gar kein Problem, das kannst du mir glauben.

Seite 115, Aufgabe 3 b: ein Besuch im Weißen Haus, eine Wanderung durchs Hessische Bergland, ein Ausflug zur Blauen Grotte auf Capri, Vorbereitungen für den Heiligen Abend, der Sächsische Landtag, die Richter beim Obersten Gerichtshof, eine Spende für den Weißen Ring, ein Aufenthalt hinter schwedischen Gardinen, nach dem ohmschen/Ohm'schen Gesetz, eine norwegische Ölplattform; **Aufgabe 4 c:** splitterfasernackt, 15- und16-jährige Schüler, die Hochzeit der griechischen Antike, das T-Shirt meiner Freundin, die Wolfgang-Amadeus-Mozart-Straße, das Bremer Weser-Stadion, eine Reise an die Côte d'Azur, das In-den-April-Schicken, die Mund-zu-Mund-Beatmung, der Rhein-Main-Donau-Schifffahrtskanal.